당신의 삶은
어떤 순간들로
채워져 있는가

박상태 지음

서문

이 순간
삶이 영원히 계속되지 않는다는 것을 깨닫는다.
세상에서 보낼 날이 얼마 남지 않았다는 것을 분명히 인식한다.
남아 있는 삶이 아주 소중하다는 것을 새삼 느낀다.
순간순간이 최우선이어야 한다는 것을 깊이 새긴다.

어느덧 검은 머리보다 흰머리가 더 많은 나이가 되었지만 나 역시 '어떻게 하루하루를 살아야 하는가?'를 여전히 고민한다.
우리는 항상 선택 앞에 놓인다. 죽는 날까지 자신이 가야 할 길을 선택하는 것이 삶이다. 그 길에는 기쁨과 설렘이 있어야 한다. 나의 길을 걸으며 남의 답이 아니라 자신의 답을 찾아 나가야 한다.

각자의 인생은 자신만의 '집'을 지어가는 과정이다.
우리가 채워서 쌓아 올리는 작은 순간들이 모여, 우리는 각자 독특한 집을 만든다.
우리의 삶은 흘러가는 것이 아니라, 무엇으로 채워져 가는 과정이다. 매일의 시간을 그냥 보내는 것이 아니라, 각 시간을 소중한 순간들로 채워 나가고 있다. 채워져 가는 삶, 하루하루를 무엇으로 채워 나가고 있는가.

"인생은 숨을 쉰 횟수가 아니라 가슴 뛰는 벅찬 순간들을 얼마나 많이 가졌는가로 평가된다."라고 미국 시인 마야 안젤루(Maya Angelou, 1928.4~~2014.5)는 말했다.

그렇다면 진정으로 가슴 뛰는 벅찬 순간은 어떤 순간일까?

우리는 사랑에 빠질 때, 성취의 순간, 경이로운 자연을 경험하는 순간, 위험에 빠졌다가 벗어났을 때 그리고 감동적인 순간에 가슴 뛰는 벅찬 순간들을 맞이하게 된다.

살아갈 날들이 살아온 날들에게 묻는다.

"과연 지금까지 살면서 몇 번이나 그런 순간들을 만들며 살았을까?"

가만히 기억을 더듬어 생각해 보았다. 우선 세어 보니, 몇 가지 정도가 떠오른다. 그중에서도 좋은 글을 읽으며 밤늦게까지 앉아서 글 속에서 여행할 때와 수필 쓰기 하는 순간순간이 내게는 제일 가슴 뛰는 벅찬 순간들이었다. 나는 나를 행복하게 해 줄 세계를 품은 책을 가방에 꼭 넣고 다니다가 시간 틈틈이 읽는다. 그때가 행복한 순간순간들이다.

나의 산문집 하나가 출판되어 가슴에 안을 때 그 충만한 만족감은 이루 말할 수 없다. 소설가 황 순원 선생은 "시는 젊었을 때 쓰고, 산문은 나이 들어서 쓰는 것이다. 시는 고뇌를, 산문은 인생을 담기 때문이다."라고 한 말을 잊지 않고 있다. 그러면 나는 나의 산문집에 인생을 담았는지 자문해 본다. 자신이 없다.

글은 산이다.
글을 읽고 난 뒤의 여운, 감동, 울림은 오래 남아야 한다.
내가 말하는 것마다 나에게로 메아리쳐 돌아올 것이다.
어떤 메아리가 내게 들려올지 두렵고 부끄럽기만 하다.
내가 글에 담으려 노력하는 아름다움과 나 자신의 아름다움은 얼마나 일치하는가? 이 또한 크게 자신이 없다.
다만, 앞으로 내 언어가 좀 더 맑고 가난해지기를 바란다.
나름 작가로서 나의 마지막 소망은 내가 불어넣는 입김에 영성이 깃들기를 바랄 뿐이다. 마치 목각 인형 피노키오가 마침내 살아 움직이는 인간이 되었듯이...

세상을 뜨거운 가슴으로 만나야 한다.
그래야 멋진 교훈과 위로를 만날 수 있다.
나의 글에는 가슴으로 만난 게 아니라 머리로 만난 것들이 많다.
그럼에도 불구하고 앞으로 세상을 좀 더 뜨거운 가슴으로 만나, 더 낮고 순한 말로 이 세상에 말을 걸고 싶은 간절한 소망을 가슴에 품고 부족하기 그지없는 나의 일곱 번째 산문집을 용감하게 세상에 내보낸다.
일곱 번째 산문집의 내 글이 농익어 누군가의 심장을 물들이고 진동하게 할 수 있도록 한 글자, 한 글자 혼을 담아 한 문장, 한 문장을 채워 나가려 한다.

몰래 담아왔던 나의 꽃들을 여기 두고 간다. 자라기는 내 안에서 자란 꽃들인데, 뽑고 내팽개쳐 놓은 내 잡초들이다. 벌레 먹거나 무를 수도 있다. 그래도 내 흙이 묻은 거라 씻지도 않고 내려놓는다. 바라건대 이 책에 담겨진 몇 줄의 글이라도 여러분으로 하여금 삶을 더 편안하게, 자기답게 살아갈 수 있게 도와주었으면 한다. 사람 냄새 익어가는 글들이 아니라 미리 죄송하고, 미리 고맙다고 말하고 싶다.

늘 나의 버팀목이었던 아내 김 영희의 쾌유를 기원하고, 글쓰기를 곁에서 지켜보며 큰 응원을 보내주는 딸 미영, 아들 홍규, 며느리 심 은호, 손자 범준에게 고맙다는 말을 전한다. 너희들은 내게 기쁨 그 자체란다.

> 2025년 1월, 초겨울을 맞이하며
> 글 손, 박 상태

차례

짧은 시, 긴 여운(I) *8*

짧은 시, 긴 여운(II) *18*

당신의 삶은 어떤 순간들로 채워져 있는가 *31*

마음의 문을 열다 *38*

혼신의 노력, 그들에게 적당히는 없었다 *45*

손자가 그리워하는 할아버지가 되고 싶다 *51*

작은 손길, 큰 울림 *59*

세월을 넘어선 지어미의 지아비 사랑 *67*

아버지의 사랑, 그리고 늦은 깨달음 *74*

작은 날개의 위대한 여정 *82*

서로를 빛내주는 광나는 말 *89*

태도가 인생을 만든다 *96*

행복한 노년을 위한 노후 생존 자금 *103*

당신을 살리는 열쇠 *112*

원망과 질시로 태어난 세금의 역사 *119*

행복, 그 길 위에서 *126*

가슴에 사무치는 뼈아픈 후회 *132*

삶을 관통하는 세 가지 지혜 *139*

10초의 평화, 그럴 수도 있지 *148*

금빛 땀방울의 감동 *155*

장례비·부의금 앞에서 갈라지는 가족 *162*

비워내는 삶을 향한 첫걸음 *169*

참된 스승 두 분의 향기를 기억하며 *175*

초임 사무관에게 전하는 공직의 길 *183*

아무도 풀지 못한 수수께끼를 만나다 *191*

나의 이야기로 꾸민 빈소 *200*

변화의 순간, 나를 깨우다 *207*

문신, 그때 중요한 것을 알았더라면 *214*

어머니에게 띄운 마지막 손 편지 *222*

사랑과 희생의 기념비, 타지 마할 *231*

디지털 삼매경, 책을 다시 찾다 *239*

끝나지 않은 사랑, 간병의 세월 *247*

헤매는 기억, 찾는 사람들 *255*

탈북민 2세들의 묘한 인생 *265*

등이 휠 것 같은 삶의 무게 *275*

독하게 홀로 보내는 시간 *283*

반복되는 비극, 언제쯤 멈출까 *292*

나이만 먹는 어른이 아닌, 진짜 어른 되기 *299*

마지막 기러기의 노래 *306*

예술로 피어난 영원의 우정 *311*

§

짧은 시
긴 여운 I

시는 생명과 같다.
생명은 유일하기 때문에 존중받는다.
좋은 시를 읽으면 영혼이 맑아진다.
시는 인간을 이해하게 하는 그 무엇이다.
시를 통해 인간 전체를 이해할 수는 없다.
어디까지나 인간의 작은 어느 한 부분을 엿볼 수 있을 뿐이다.

 시의 가슴에 얼굴을 파묻고,
인간을 조금씩 이해할 수 있게 되기를 바라야 한다.
시인으로서의 삶의 진정성이 녹아있는 아래 시들을 음미하면서, 인간의 깊은 본성을 엿볼 수 있으면 좋겠다.

부녀

김주대(1965~)

아르바이트 끝나고 새벽에 들어오는
아이의 추운 발소리를 듣는
애비는 잠결에 귀로 운다.

이 시는 슬프다.
딸을 안쓰러워하는 아비의 마음을 절묘하게 그려 놓았다.
밤 귀갓길에 무섭지는 않았을까?
어린 마음이 얼마나 힘들었을까?
애지중지하며 키운 예쁜 유리그릇 같은 딸.

 딸이 밤샘 알바를 하는 이유는 당연히 시급이 높기 때문일 것이다.
 새벽까지 아르바이트를 하고 들어오는 어린 딸의 발소리를 들으며 자는 척하는 아비는 자신의 처지를 탓하며 얼마나 미안했을까.
 아비를 깨울까 살금살금 고양이 걸음으로 들어오는 딸은 지쳤을 것이다. 서로 미안하고, 안쓰럽고, 마음 아파서 운다.

귀로 운다. 왜 귀로 울어요? 어떻게 귀로 울어요?
우리는 마음으로도 울고, 손으로도 울고, 온몸으로 운다.
아비의 울음은 부녀지간의 사랑이 애틋해 그럴 것이다.
부녀지간의 사랑을 현장 중개하는 것 같다.

시를 통해 어려운 세상을 엿본다.
시를 통해 언어의 묘미도 맛본다.
이 땅의 힘없는 아비들은
모두가 잠이 든 깊은 밤
그저 귀로, 손으로, 온몸으로 울고 있을지도 모른다.
나를 포함한 세상의 모든 아버지들을 응원한다.
그리고 세상의 모든 딸들도...

함께 가자

나태주(1945.3~)

먼 길
너와 함께라면
멀어도 가깝고
아름답지 않아도
아름다운 길
나도 그 길 위에서
나무가 되고
너를 위해 착한
바람이 되고 싶다

사랑하는 사람에게 받은 연서(戀書)같은 언어다.
마음이 찡하다.
'나'의 존재가 있다는 것을 증명이라도 해주는 듯
'너'가 쓴 시
'나'는 무수한 순간 속 '너'에게 여행 중이다.
멀어도 가깝고, 아름답지 않아도 아름다운 길
너와 나의 먼 여행길

얼마나 가슴 벅찬 하루하루이겠는가!

 시의 행간에
바람의 숨소리가 끼어들고
나무의 출렁임이 기웃거린다.
시인은 아늑한 감성적인 시 세계로 우리들을 끌어당긴다.
우리가 모르는 사이
수많은 타인과
더불어 삶 속에서 찾은 '함께'의 의미
'너를 위해 착한 바람이 되고 싶다'라는 뜻을 한 번 더 곱씹어 보게 한다.
따뜻하고 사려 깊은, 온화하고 서정적인 느낌의 이 시는
이 가을과 참 잘 어울린다.
잔잔한 울림을 준다.

경치를 즐기다(賞景)

김 병영(김삿갓)(1807~1863)

한 걸음 두 걸음 세 걸음 가다가 서니
산 푸르고 바윗돌 흰데 틈틈이 꽃이 피었네.
화공으로 하여금 이 경치를 그리게 한다면
숲 속의 새소리는 어떻게 하려나

 김삿갓이 방랑을 하였다고 하는데, 그는 단순히 방랑을 한 것이 아니라 일부러 자연과 인심을 찾아 나선 것이었다. 삿갓에 얼굴을 가린 것은 세상의 영욕과 욕심을 보지 않으려는 마음에서였다. 그에게 있어 자연은 단순히 보고 즐기는 대상이 아니었다. 자연은 삶의 동반자였고, 시는 바로 김삿갓의 삶이었다. 자연과 인심을 찾아 나서는 동안 발길 닿는 산천경개는 모두 그의 시가 되었다.
 화가가 아름다운 봄의 풍경을 그릴 수 있겠지만, 숲에서 지저귀는 새들의 울음소리는 어떻게 그려낼 수 있겠는가?

 최근 김삿갓 시인의 시비가 있는 영월에 두 번 다녀왔다. 김삿갓 시인의 숨결이 남아 있는 곳이다. 그가 마지막으로

머문 곳이다. 얇은 신발창을 통해 발바닥으로 전해지는 감촉에 온전히 그 시간을 바치는 걸음은 일상에서 허락되지 않는 즐거움이다. 산과 강이 어우러져 있는 영월은 걸음에 알맞은 여행지다. 사방이 온통 산으로 둘러싸여 한번 들어가면 다시 나온다는 기약도 없어 '편안하게 고개를 잘 넘으시라.'는 뜻에서 영월(寧越)로 이름하였다 하는데, 김삿갓의 생가와 묘역이 있어서 최근 영월군 하동면을 '김삿갓 면'으로 개명하였다 한다.

정처 없이 산천경개를 찾아 떠도는 이들의 발걸음은 교차되기 마련이지 않겠는가. 전국을 떠돈 그의 발걸음에 아무런 목적이 없진 않았을 것이다. 아마 그도 걷는 재미를 알았기에 일생을 걷기 여행에 바쳤으리라 짐작해 본다. 동강을 건너 서강으로 향하던 중, 길이 꺾이는 곳마다 삿갓을 쓴 그의 모습과 마주할 수 있었다. 이곳을 걸으며 그는 어떤 의미를 찾았을지 무척 궁금하다.

노년의 건조한 생활에 변화를 줄 수 있는 여행은 많이 할수록 좋다. 여행만큼 생활에 활력을 주는 것도 없다. 낯선 땅에서 낯선 사람들을 만나고, 낯선 음식을 먹는 것은 언제나 신선한 느낌으로 다가온다. 그러므로 산천경개를 찾아 나선 김삿갓의 모습을 닮아보는 것도 좋지 않겠는가. 여행지에서 죽어도 좋다는 생각으로 떠나 보고 싶다.

여름밤

정 호승(1950~)

들깻잎에 초승달을 싸서
어머님께 드린다.
어머니는 맛있다고 자꾸
잡수신다.
내일 밤엔
상추 잎에 별을 싸서 드려야지

 한 폭의 그림 같은 참 맛스러운 작품이다.
별빛이 유난히 밝게 빛나는 어느 여름밤,
대청마루에서 어머니와 도란도란 쌈밥을 먹던 어린 시절이 생각난다.
 어머니가 욕심이 과해서 내 입안에 다 들어가지 못할 크기의 쌈을 싸 주시면, 찢어질 만큼 입을 크게 벌려 한 입에 넣고 힘들어했던 기억이 난다. 커다란 쌈을 작은 입으로 우걱우걱 맛나게 먹고 있으면 흡족한 미소를 지으시며, 어머니는 "쌈밥에는 사랑과 정성을 넣는 것이 중요해!"라고 말씀하셨다. 그 말씀은 나의 삶 전체에 대한 소중한 교훈이 되었다.

언제인지 기억이 아물거리지만, 어머니께 인사드리러 갔을 때 내가 상추쌈과 강된장이 먹고 싶다고 하자, 이내 환한 미소를 지으시며 분주히 차려 내주시고는 물끄러미 나를 바라보셨다. 그 쌈밥 안에 어머니의 가족에 대한 무한한 사랑이 담겨 있었다.

2년 반 전에 저승으로 거처를 옮기신 어머니가 머릿속에 자리 잡는다.
하늘나라에서 잠시 휴가를 나오신다면 어릴 적 내게 주신 것과 꼭 같은 맛있는 쌈밥을 싸서 나의 사랑하는 마음과 함께 듬뿍 입 안에 넣어 드리고 싶다.
달과 별이 보이는 밤하늘 아래에서 그렇게 하고 싶다.
어머니가 싸주신 쌈밥의 추억이 눈에 선한 여름밤이다.
쌈밥으로 자연을 표현한 이 시가 추억과 어울려 마냥 좋다.
어머니와의 추억은 마음의 고향이다.

시는 사랑이라는 쉽거나 혹은 어려울 수밖에 없는 속성을 빌어 존재와 타자와의 관계를 시를 통해 위로와 참사랑의 가치를 일깨워 주는 것이다.
지나고 보니 모든 사랑이 선물이었다.

오늘은 위의 시 네 편에 커피 한 잔을 더하니 하루가 완벽하다.

시는 삶에서 나온다.
시는 삶에서 나와, 삶으로 돌아가며, 삶을 살찌우고, 삶을 풍요롭게 가꿔준다. 시란 무엇일까?

어떤 유명한 외국 시인은 이렇게 말했다.
"시는 사람들의 말을 엿듣는 것이다."
그래서 시인은 세상의 슬픔, 애환, 비에 대해 대신 울어주는 곡비(哭婢)라 하지 않았던가.
또한 어느 시백(詩伯)은 이렇게 말하였다.
"이야기는 지어낸 것이고, 시는 노래이다. 우리 가슴을 울리는 노래이다."
우리의 가슴을 울리는 시 몇 편을 아래 소개한다.

풍경 소리

정 호승(1950~)

운주사 와불님을 뵙고
돌아오는 길에
그대 가슴의 처마 끝에
풍경을 달고 돌아왔다
먼데서 바람 불어와
풍경 소리 들리면
보고 싶은 내 마음이
찾아간 줄 알아라.

*운주사 와불(瓦佛)은 길이 12m, 너비 10m의 바위에 두 미륵불이 나란히 누워있는 모습이다. 누워있는 부처가 일어서는 날 새로운 세상이 열린다는 전설이 있다.

오래전의 일이다. 깊은 산속의 청암사(경북 소재) 백련암에서 고시 공부를 한다며 60일 동안을 보낸 적이 있다. 그 산사의 풍경 소리는 아무리 들어도 싫증이 나지 않는 향기로운 소리 그 자체였다. 바람 소리, 시냇물 소리, 목탁 소리, 범종 소리, 예불 소리, 독경 소리 등이 그 산사를 풍성하게 만들었다.

특히나 풍경은 바람 소리와 함께 잠도 자지 않고 임을 기다리다가 바람이 먼저 기척을 보이면 곧바로 반가운 반응을 보이곤 했다. 내 인생의 잊지 못할 추억 속에 이러한 청아한 풍경 소리가 가득 쌓여 있다.

가을 단풍에 물든 산사의 풍경은 한 폭의 그림 같았다. 허공에 홀로 매달린 물고기는 밤마다 잠을 자지 않고 서방정토를 향해 먼 여행을 하고 동이 트기 전에 돌아왔다. 그 물고기는 잠을 자도 눈을 뜨고 잔다. 항상 정진하며 깨어 있는 모습은 수도승에게 귀감이 되는 스승이었다. 그래서 예불할 때 치는 목탁도 물고기 모양으로 만들었다.

풍경 소리가 암자와 산 사이에 고요를 깨울 때,
다정한 듯한,
아니면 번민스러운 듯한,
무아의 경지에서 듣는다.
그 소리를 들으며 산길을 내려오는 사람들은 안다. 그 소리는 그리움을 불러들인다는 것을...
바람이 있고 풍경이 있으며, 풍경이 있어 바람이 있다. 그리움에 대한 모든 애환은 풍경 소리에 잘 스며들어 있다. 못 견디게 보고 싶은 사람이 있거든 운주사를 찾아가 보시라. 그리고 그곳 처마 끝 풍경 소리를 들어 보시라.
시인이 되어 있을 터...

콩나물시루

이 계례(?)

시루에 짚을 깔아
불린 콩 넣는다
잘 먹고 잘 자라라
맑은 물을 붓는다

쉽다던 한글 받침
알파벳 쌍둥이 형제
차곡차곡 머리에 담는다

앗!
밑 빠진 시루에
콩나물이 가아득
내 머리 속
콩씨도 잘 자라고 있겠지.

 우리 어린 시절, 대부분의 추억 속에는 비슷한 풍경을 하나 떠올릴 수 있다. 그것은 바로 방 아랫목에 이불을 뒤집어 쓴 콩나물시루의 이야기이다. 그 콩나물시루에 물을 주면서

깨우치게 되었다.

 하나는 콩나물시루에 물을 주면 다 밑으로 빠지는 것 같지만 그래도 콩나물은 하루가 다르게 커간다는 것이다. 다른 하나는 꾸준히 돌보고 가꾸지 않으면 쓸데없는 잔뿌리가 생긴다는 것이다. 몇 번을 부어도 다 밑으로 빠지는 것 같은 생각에 조금이라도 물 주는 것을 게을리하다 보면 어느새 잔뿌리가 나기 시작하고 몸통에 제대로 살이 붙지 않아서 콩나물의 상품성은 떨어진다. 나의 관심으로부터 배신을 당한 콩나물은 어김없이 나의 기대에 배신으로 복수를 한다.

 우리가 만나는 사람이나 하는 일도 이와 같지 않을까. 우리가 누구에게 나의 마음을 보여줄 때, 일을 진행할 때 한 번 한다고 효과가 절대로 바로 나타나지 않는다. 그러므로 우리가 무엇에 임할 때 가장 중요한 것은 바로 지속성이다. 우리가 우리의 관심과 애정을 자주 그리고 지속적으로 보여준다면 모든 것은 좋은 방향으로 흘러갈 것이다. 사람의 마음은 움직일 것이고 일은 잘 진행되어 갈 것이다. 마치 우리 집 콩나물이 커나가듯이...

 콩나물시루에 물을 붓듯 매일 책을 읽고 쓰는 것이 나의 일상사다. 물은 아래로 다 새 버린다. 그래도 콩나물은 자란다. 내가 할 일은 그저 물을 붓는 것이다. 물을 먹고 안 먹고는 콩나물이 알아서 할 일이다.

섬

정 현종(1939~)

**사람들 사이에 섬이 있다
그 섬에 가고 싶다.**

섬이 주는 이미지는 사람마다 다르다.

누군가는 쉼과 여유, 휴식을 생각하고 누군가는 고립, 단절, 외로움 등을 떠올린다. 시인의 시 '섬'은 단 두 줄로 사람들 사이의 관계를 이야기한다. '사람들 사이에 섬이 있다 / 그 섬에 가고 싶다'라는 이 시는 인간이란 단어가 사람(人)과 사이(間)로 이루어져 있음을 상기시킨다. 사람들 사이에는 틈이 있고 시인은 그 틈을 섬으로 표현한다.

사람과 사람 사이에 섬이 있다면, 그건 어쩌면 예의와 배려로 지켜지는 안정감 있는 관계의 거리일 수도 있고, 또 어쩌면 서로 다름을 인정하고 의도적으로 침범하지 않는 경계선일 수도 있고, 아니면 무관심과 소외가 만든 공허함과 외로움이 도사리는 거리일 수도 있고, 그리고 어쩌면 그사이 어디쯤 내가 쉬고 싶은 그런 심리적 도피처일 수도 있다는... 결국 섬이라는 단어는 어느 누구에게나 다른 느낌과 의미를 가질 수 있다.

 시인은 사람들의 만남에서 형성되는 따뜻한 인간관계를 마음의 안식처인 '섬'으로 노래한다. 현실의 우리 사회에는 이와 다른 형태의 '섬'이 존재한다. 각박한 현실 속에서 따뜻한 마음의 안식처로서의 '섬'이 아닌, 타자를 배제하는 방향으로 아파트 단지를 지어 스스로가 자신을 격리시키는 '섬'이 된다. 또 사회적 약자들을 특정한 구역에 집단적으로 거주하게 하는 '섬'을 만든다. 사람들의 관계는 연결된 육지가 아니라 뚝뚝 떨어져 있는 섬과 같다. 단절이다. 섬은 성벽을 치고 전쟁하는 섬이 되었다.

 그러나 시인은 두 줄짜리 짧은 시구에 '그 섬에 가고 싶다.'라고 노래했다. 단절과 소통에 대한 열망이 공존한다. 시인은 격리된 고독을 그냥 내버려두지 않는다. 기어코 섬에 닿고자 열망한다. 코로나19가 한바탕 휘몰아치고 갔다. 아직도 여진은 있지만... 이제 닫힌 마음이 열린 마음으로 바뀌어야 한다. 닫힌 마음, 곧 의식의 폐쇄성은 우리의 영혼을 감염시키는 위험한 바이러스이기 때문이다. 문을 개방하고 친구들을 초대해야 한다. 이러한 열린 마음은 소통으로 단절된 인간관계를 이어줄 것이다. '나'에서 '우리'로 변신이 일어난다. 나누고 베푸는 연대와 우호는 아름답고 평화롭다. 섬을 넘나들어야 할 때다.

귀 천

천 상병(1930~1993)

나 하늘로 돌아가리라.
새벽빛 와 닿으면 스러지는
이슬 더불어 손에 손을 잡고
나 하늘로 돌아가리라.

노을빛 함께 단 둘이서
기슭에서 놀다가 구름 손짓하면은.
나 하늘로 돌아가리라

아름다운 이 세상 소풍 끝내는 날
가서, 아름다웠더라고 말하리라……

 그런데 당신 아세요?
누구에게나 언젠가는 마지막이 찾아온다는 사실을…
뜻하지 않게 찾아올 수도, 나이 들어서 마음의 준비를 했을 때 찾아올 수도 있다.

 삶이란 새벽빛에 스러지는 이슬과 저물녘 노을과 흘러

가는 구름과 손잡는 잠깐 동안의 소풍이라고 시인은 노래하고 있다. 그런 소풍이라면 삶이 아름답지 않을 이유가 없다. 그런 소풍을 마치고 돌아가는 길이 가볍지 않을 까닭이 없다.

삶이란 게 정말 그처럼 가벼운 것일까?
삶이 구름 같다고는 하나, 삶의 무게는 결코 그렇지 않다는 걸 알지 않는가.

시인을 닮아 어린아이로 살면 삶이 그처럼 가벼워지기도 하는 것일까?

이 시는 삶이 하나의 소풍이라고 생각하는 것에는 어느 정도 허무 의식이 스며있기는 하지만, 이 시에 슬픔이나 비관적 인식은 결코 나타나지 않는다. 그 소풍 속에서 겪는 모든 것들은 아름다운 추억처럼 여겨지지 않겠느냐는 달관의 자세를 보여준다. 그 허무를 삶에 대한 달관과 명상으로 승화시켜 절대 자유의 경지를 이루어낸 것이다.

이 시에서 두드러지는 것은 무엇보다 죽음에 대한 관점이라고 할 수 있다. 죽음은 공포의 대상도, 피하고 싶은 대상도 아니라, 죽음은 우리들의 본래의 자리이며, 이승으로의 소풍이 끝나면 돌아가야 할 본향인 것이다. 따라서 죽음은 서러움이 아니라 하나의 안식으로 볼 수 있다는 것이다.

욕망이 들끓는 시대에 무욕(無欲)의 시인 천 상병(1930~

1993)은 가난이 직업일지언정 한 잔의 커피와 몇 사발의 막걸리, 두둑한 담배로도 행복한 사람이었다. 이 한 세상 즐기고 돌아간 진정한 방랑자였다. 내 여생에서 그를 조금이라도 닮아 볼 수 있으려나.

'귀천'은 인간의 삶이란 어떤 것인지, 죽음은 어떤 것인지 한 번 더 생각해 볼 수 있도록 도와주는 작품이다.

나이 먹어가니 '귀천' 같은 시가 좋다.

아래 그의 또 다른 시 '행복'은 안분지족하며 자유롭게 살다간 그의 삶을 바로 옆에서 보는 듯하다.

> 나는 세계에서
> 제일 행복한 사내이다.
>
> 아내가 찻집을 경영해서
> 생활의 걱정이 없고
> 대학을 다녔으니
> 배움의 부족도 없고
> 시인이니
> 명예욕도 충분하고
> 이쁜 아내니
> 여자 생각도 없고

아이가 없으니
뒤를 걱정할 필요도 없고

집도 있으니
얼마나 편안한가
막걸리를 좋아하는데
아내가 다 사주니
무슨 불평이 있겠는가
더구나
하나님을 굳게 믿으니
이 우주에서
가장 강력한 분이
나의 빽이시니
무슨 불행이 온단 말인가!

 랭보는 '시인은 견자(見者)'라고 했다. 왜 그는 시인을 '보는 자'라고 했을까? 그럼 보통 사람들은 보는 자가 아니라는 말인가?
 우리는 다들 세상을 본다고 생각한다. 하지만 정말 보고 있는 걸까? 엄밀히 말해 보통 사람들은 세상을 보지 않는다. 자신의 망막에 비치는 것들을 볼 뿐이다. 그것을 자신의 마음대로 해석할 뿐이다.

하지만 시인은 다르다. 항상 그의 마음은 그의 몸을 탈주한다. 하늘을 날며, 땅 위를 달리며, 물속을 헤엄치며, 세상 곳곳을 누빈다. 그의 눈은 항상 새로운 것들을 '발견'한다.

발견된 것들은 시인에 의해 이름이 붙여지고 그것들은 비로소 생명을 얻는다.

마침내 생명을 얻게 된 위의 네 편의 시를 음미하는 이 순간이 그냥 행복하다.

§

당신의 삶은
어떤 순간들로
채워져 있는가

세상 모든 옷에는 대부분 주머니가 있다.
그러나 수의에는 주머니가 없다. 망자의 옷이기에 무엇을 넣고 갈 주머니가 필요하지 않기 때문이다. 공수래공수거(空手來空手去), 빈손으로 왔다가 빈손으로 가는 것이 인생이다. 그러나 나는 수의에 주머니가 없으니 무엇을 넣고 가지는 못하더라도, 가슴에 담아 가야 한다는 생각을 한다.

무엇을 담아 갈까?

미국 시인 마야 안젤루(Maya Angelou, 1928.4~2014.5)는 "인생은 숨을 쉰 횟수가 아니라 숨 막힐 정도로 벅찬 순간을 얼마나 많이 가졌는 가로 평가된다."라고 말했다.
그리고 시인 메리 올리버(Mary Oliver, 1935~2019.1, 미국인)는 묻는다.
"당신은 단지 조금 숨을 쉬면서 그것을 삶이라 부르는가?"
이 두 분의 지적대로 이 세상을 떠날 때 내가 가져갈 수 있는 유일한 것들은 숨 막힐 정도로 벅찬 순간들이 아닐까.

그러면 과연 내가 그렇게 숨 막힐 정도로 가슴 벅찬 순간들을 얼마나 맞이하며 살았을까.
지금까지 살면서 몇 번이나 그런 순간들을 만들어 가며 살았을까. 가만히 기억을 더듬어 생각해 보았다.
우선 세어보니 몇 가지밖에 떠오르지 않는다.

'50여 년 전 중앙청 입구 게시판의 행정고시 합격자 명단에서 내 이름을 발견한 순간'
'아내가 오랜 산고 끝에 딸과 아들을 내게 안겨준 순간'
'영화 <아라비아의 로렌스>에서 로렌스가 아랍인들과 함께 누구도 예상하지 못했던 지옥과도 같은 죽음의 네푸드 사막을 넘어 난공불락의 아카바 성벽에 도착한 순간'
'영국에 유학 간 아들로부터 만 3년 만에 박사학위 최종 면접시험 통과 소식을 접한 순간'
'아들이 늦장가 가서 손자를 내게 안겨 준 순간'
이렇게 몇 가지가 떠오른다.

위에 열거한 숨 막힐 정도로 가슴 벅찬 다섯 가지 순간들 중 내가 스스로 만든 것은 한 가지뿐이다. 더구나 이 다섯 가지를 설명하는 시간은 5분도 채 걸리지 않을 것 같다. 너무 아쉽다. 그동안 나는 무엇을 하고 살았던 걸까?

나는 남의 기준에 맞추고 사회의 암묵적인 동의에 의문 없이 따름으로써, 그렇게 하지 않았다면 즐험할 수 있었을 많은 기쁨들을 스스로 놓쳐버린 것이다. 젊었을 때 삶에 대해 '왜?'라는 의문을 품지 않고 긍정하고 적응하기만 하면서 살았던 것은 아닐까? 그래서 내 삶이 풍부하지 못하고 이야깃거리도 없이 단순하기만 한 것은 아닐까? 하는 생각이 자꾸만 든다.

지금부터라도 감동하는 일과 좋아하는 일에서 숨 막힐 정도로 가슴 벅찬 순간들을 자주 만나고 싶다.

이 세상을 떠날 때 당신이 가져갈 수 있는 유일한 것들은 당신의 가슴에 담긴 숨 막힐 정도로 가슴 벅찬 순간들이다.

가만히 돌이켜 생각해 보라.

당신은 지금 얼마나 많은 시간을 그냥 허비하고 있지는 않은지?

얼마나 많은 시간을 가슴 벅찬 순간들로 채우며 살았는지?

숨 막히게 사랑한 순간은 얼마나 있었는지?

숨 막히게 몰입한 순간은?

삶과 숨 막히게 맞닿은 순간은 또 어떤가?

그것이 꼭 거창한 순간일 필요는 없다.

맨발로 비를 맞는 순간,

섬에서 붉은 보름달을 감상하는 순간,

스위스 알프스산맥에 있는 융프라우요흐(Jungfraujoch)에서 아름다운 자연 경관과 빙하를 바라본 순간,

홍콩의 야경을 보며 감탄했던 순간,

남아프리카 최남단의 희망봉에서 거친 파도와 거센 바람을 맞이한 순간...

도미니크 로로가 쓴 「지극히 적게」라는 책에 이런 말이 나온다. "사람들은 엄청난 양의 물건을 쌓아 두는 데 성공했지만, 세상에 대해 느끼는 즐거움은 줄어들었다. 돈은 무엇을 사기보다는 경험하고, 공부하고, 여행하는 데 써야 한다."

가슴이 원하는 여행을 하지 않은 것만큼 큰 실수는 없다고 한다.

나의 최근 슬로건인 '시간이 없다. 지금 떠나자'에 부응하여 올해 이집트와 터키를 다녀왔다. 몇 권의 깊이 있는 책을 읽고 온 느낌이다. 새로운 경험이 많았고, 스스로 감동하는 순간 또한 많았다. 이번 여행이 내게 준 선물은 삶과 세상에 대한 예찬이다.

부자는 누구인가? 많이 감동하는 사람이다. 감동할 줄 모르는 사람이 세상에서 가장 가난한 사람이다. 주저하지 말고 경험에 뛰어들자. 삶은 풀어야 할 문제가 아니라 살아야 할 신비다.

크루즈 여행 중, 죽음과 삶의 기로에서 숨 막힐 정도로 가슴 벅차지만 슬픈 사랑을 선택한 두 분을 소개한다.

1912년, 타이타닉호가 빙산에 부딪혀 침몰하는 과정이 영화로 재현된 바 있다. 하지만 영화만으로는 실제 상황을 다 알기 어렵다. 타이타닉호의 이등 항해사 찰스 래이틀러가 오랜 침묵 끝에 사고 당시의 이야기를 공개한 적이 있다. 그중 슈트라우스 부부의 이야기를 소개한다.

미국 메이시(Macy's) 백화점 창업자 슈트라우스 씨는 세계에서 두 번째로 부유한 사람이었다. 그가 어떤 말로 설득해도 아내 로잘리 씨는 구명보트에 타지 않았다. 아내 로잘리 씨는 "나는 당신이 가는 곳에 항상 함께 갔어요. 세상 어디든지 당신과 함께 갈 거예요"라며 남편을 두고 배에 오르는 것을 완강히 거부했다.

8번 구명보트의 책임 선원이 67세의 슈트라우스 씨에게 "누구도 어르신이 보트를 타는 것을 반대하지 않을 것입니다."라며 구명정 탑승을 권했다. 이 말을 들은 슈트라우스 씨는 단호한 말투로 "다른 남성들보다 먼저 보트에 타라는 제의는 거절하겠습니다."라며 생사의 순간에도 초연한 모습을 보였다. 그리고 그는 63세의 아내 로잘리 씨의 팔을 잡고 의연하게 갑판 위의 의자에 앉아 최후의 순간을 기다렸다.

현재 뉴욕 브롱크스에 있는 슈트라우스 부부를 기리는 기념비에는 '바닷물로 침몰시킬 수 없었던 사랑'이라는 글귀가 적혀 있다. 이 두 분은 숨 막히도록 가슴 벅차게 서로를 사랑한 사람들이 아니겠는가.

이 두 분의 이야기는 진정한 사랑의 의미를 되새기게 한다.

숨 막힐 정도로 가슴 벅찬 순간...
앞으로 사는 동안 얼마나 더 그런 순간을 가질 수 있을까? 매일 만사에 허덕이는 삶 앞에서 우리는 무엇을 위해 살아가고 있으며, 지금 내 삶을 지탱하고 이끌어가는 것은 무엇인지, 내가 이 세상 마지막 순간까지 가슴에서 놓아서는 안 될 가치는 무엇일까?

"인생의 봄날은 언제나 지금이다."라는 말이 있다.

때로는 자신과 자신의 삶에 최고의 것을 해야 한다. 다른 모든 사람들에게 최고의 것이 아니라...

세상에는 시간을 쏟아 사랑하지 않으면 알 수 없는 신비가 너무나 많다. 우리 함께 후회하지 않을 내일을 위해, 오늘도 숨 막힐 정도로 가슴 벅찬 순간을 살자. 숨 막힐 정도로 가슴 벅찬 순간들이 아니더라도, 적어도 가슴 뛰는 순간들을 만들어가자.

죽어서 여행 가방이 텅 비지 않도록 '숨 막힐 정도로 가슴 벅찬 순간'과 '가슴 뛰는 순간'들을 가슴에 많이 담아 두어야 하지 않겠는가.

그러면 마지막 순간이 행복할 것 같다.

마음의
문을 열다

지금으로부터 약 15여 년 전, 어느 금요일 오후 늦은 시각.

대전 공무원 청사에서 분당 집으로 퇴근했을 때, 우편함에 아들이 다니는 학교에서 온 편지가 있었다. 이상하게 생각되어 급하게 편지를 개봉해 보니, 아들에 더한 학사 경고장이었다. 그 순간 화가 머리끝까지 치밀어 올랐다. 현관문을 열기가 무섭게 화난 목소리로 아들의 이름을 불렀다.

아들이 뚱한 얼굴로 방문을 열며 "왜 그러세요?" 하며 나를 바라보았다.
"이 편지 좀 보란 말이야!"
학사경고장을 아들 턱 앞에 내밀었다.
"야! 이놈아. 멀리 타지에서 가족을 위해 고생하는 아빠에게 미안하지도 않아?
이런 성적으로 어떻게 사회에 나가 나가길!
이게 정신이 있는 놈이 하는 짓이야!" 하며
아들에게 마음의 상처를 줄 수 있는 달을 죄다 쏟아냈다. 가만히 듣고 있던 아들의 입에서 나온 말이 더 화나게 만들었다.
"성적 좀 안 좋다고 너무 심하게 말씀하시는 것 아닌가요?"
"뭐가 심해 심하긴. 아들 놈, 학사 경고장 받은 애비 심정을 넌 알기나 하냐? 집안이 어떻게 되려고 이 모양이야!"
아들은 더 이상 말하기 싫다는 듯이 등을 돌려 자기 방 쪽으로 가더니 방문을 '쾅'하고 닫으며 들어갔다.

그날 밤 나는 잠을 한숨도 자지 못했다. 아무리 생각해도 아들이 용서되지 않았다. 그다음 날 토요일 저녁, 아들과 식탁에 마주 앉았다. 아들이 숟가락을 들기도 전에 잔소리를 늘어놓기 시작했다.

"너는 앞으로 어떤 경쟁력으로 이 세상을 살아가려고 하냐? 뚜렷한 인생 목표도 없이 베짱이처럼 세월을 보내고 있으면 어떻게 하겠다는 거냐고..."

나의 일방적 잔소리에 아들은 숟가락을 들다가 말없이 놓고 식탁을 떠났다.

이후, 부자지간의 무통(無通)은 상당 기간 동안 계속되었다. 아들은 나를 피했다. 같은 집 안에 있으면서도 아들은 자기 방에, 나는 내 방에서 각자 할 일을 했다. 가끔 아들에게 말을 걸면, 아들은 "예"나 "아뇨"로 짧게 대답했다. 나는 아들의 생활을 모르는 척했고, 아들도 마찬가지였다.

아내가 주선한 소개팅을 하고 돌아와서도, 아들은 가타부타 말이 없었다. 속은 타들어갔지만, 애비를 대하는 아들의 태도가 괘씸하여 "그래. 내가 언제 아들 덕을 보고 살 거야? 요즘 젊은 것들이 하는 짓이란..." 하며 세상을 탓했다.

그러나 시간이 흐르자 '부자간의 관계가 이래서야 되겠는가... 어떻게 하면 아들과의 관계를 원만하게 할 수 있을까?' 하는 생각이 커져만 갔다. 고민에 고민을 거듭하던 중 나의 마음을 구구절절이 담은 유언장을 아들에게 보여 주면 좋겠다는 결론에 이르렀다. 나는 2개월 동안 끙끙대며 진솔 된 애비의 마음을 나의 유언장에 담아 아들의 책상 위에 올려놓았다.

다행히도 나의 유언장을 읽은 아들의 태도가 180도 달라져 나에게 마음의 문을 열기 시작했다. 아들은 내 유언장을 읽고 아버지가 살아온 날보다 살아갈 날이 짧다는 생각을 하게 되었다고 했다. 그리고 10여 년 넘게 병원 신세를 지고 있는 엄마 때문에 고생하는 나에게 미안하다며 고개를 숙였다. 그러면서 아들이 울먹이며 말했다.
"엄마 생각을 하면... 우울해서 공부도, 연구도, 그 무엇도 제대로 안 돼요."
'역지사지'라는 말이 떠올랐다. 그동안 아들의 마음을 헤아리지 못했다. 내가 힘든 것만 생각했지, 아들도 힘들다는 생각은 하지 못했다. 엄마가 없는 빈자리를 아버지가 채워주어야 한다는 생각은 꿈에도 하지 못했다. 산전수전 다 겪은 나와 같은 선상에 아들을 놓고 바라보니 모든 일이 마음에 들지 않았던 것이다.

학사 경고장이 기폭제가 되어 나도 아들을 대하는 태도가 바뀌어가기 시작했다. 나는 아들의 눈높이에 맞추어 아들을 대하려고 노력했다. 잔소리를 줄이고, 칭찬을 하며, 경청하고,

내 부족한 모습을 보여주며, 집안일에 참여하기 등을 했다. 아들도 노력하는 모습이었다. 이렇게 노력하니 얼마 지나지 않아 부자지간에 큰 변화가 일어났다.

 우리 부자는 요즘 집 앞 민속주점에서 술자리를 가끔 같이 한다. 술잔을 기울이며 아들과 집안일을 의논했다. 그러니까 일이 더 쉽게 풀리고 힘도 덜 들었다.
 아내는 6개월마다 주기적으로 병원을 옮겨야 한다. 전에는 간병인과 내가 장애인 택시를 불러 꼼짝 못 하는 아내와 병간호에 필요한 짐을 차에 싣고 다른 병원으로 옮기곤 했다. 그 일이 얼마나 힘이 드는지 집에 오면 몸과 마음이 지친다. 그런데 요즘 아들과 함께 하니 얼마나 편하고 좋은지 모른다.

 아들은 불콰한 얼굴로 소개팅 한 이야기를 애비에게 숨김없이 털어놓는다.
 "아버지, 저는 교사나 약사 같은 전문직이면서 건강한 여자가 1순위고요, 성격, 집안, 미래 비전은 2순위 그리고 외모는 3순위예요."
 "괜찮은데… 그런데 난 이왕이면 교회에 다니고, 착하고, 현명한 규수였으면 좋겠구나!" 하는 이야기도 허심탄회하게 나누게 되었다.
 아들은 내가 술을 많이 마신다는 걱정도 했다. 나는 술의 힘을 빌려 내 속마음을 털어놓았다.

"아들, 네 엄마 병세가 회복될 것 같지 않아. 애비는 말이야, 다른 사람은 몰라도 네 엄마는 언젠가는 벌떡 자리에서 일어나리라 생각했지. 그런데 아니라는 생각이 드는구나. 네 누나도 아직 미혼으로 저러고 있고... 이런저런 끝내지 못한 숙제들 때문에 힘이 들고 지치는 날이 많아. 애비는 모든 일을 잊고 싶은 마음에 술을 마시지. 술에 취한 애비를 볼 때마다 걱정이 많이 되는가 보구나."

"아니에요. 이해해요. 그러나 너무 과음하지 마세요. 저는요, 아버지. 언제 어떻게 훌쩍 떠나갈지 모를 엄마에게 할 수 있는 일이 문병밖에 없어서 슬퍼요. 아직 아버지의 숙제가 끝나지 않았다고 너무 걱정하지 마세요. 숙제는 하면 되니까요. 자책하지 마세요. 저도 이제 어른이에요. 잠시라도 엄마를 제게 맡기시고 여기저기 여행 다니면서 즐겁게 보내세요."

아들이 이렇게 속이 깊은 줄 몰랐다. 이런 아들을 나무라고 잔소리하고 탐탁찮게 여겨 미안했다. 나는 아들의 손을 잡고 고백하듯 말했다.

"너와 네 누나가 지금껏 나를 견디게 해 준 힘의 원천이다. 그리고 아들, 네가 나를 많이 기쁘게 해주었다. 네가 내 아들로 태어나 준 것, 무난히 대학 졸업한 것, 영국에서 매 끼니 밥해 먹는 어려움과 외로움의 고통 속에서도 3년 만에 박사학위를 취득한 것, 곧이어 영어 강의 전담 대학교수로 임용된 것 등..."

아들은 모두 아버지 덕분이라며 머리를 숙였다.

나는 아들과 한 달에 한 번씩 술자리를 가지자고 약속했다. 아들은 결혼하더라도 이 약속은 지키겠다고 했다. 지난달에도, 그리고 이번 달에도 우리는 술자리를 같이했다. 직장 이야기, 앞으로 할 일, 지나온 추억을 반추하는 등 우리들의 대화는 끝이 없었다. 아들과의 데이트가 얼마나 지속될지는 모르겠다. 나는 아들과 데이트를 가는 날은 마음을 다잡는다. '열 중에서 아홉은 아들 말을 듣고, 난 하나만 말하리라!'

내게 작은 소원이 하나 있다면, 아들에게 친구처럼 편안했던 아버지로 기억되고 싶다. 누군가는 '소망하고 또 소망하면 이미 이루어진 것이나 다름없다. 여기에 소망의 위대함이 있다.'고 말했다. 이 말을 굳게 믿으며, 아들을 친구로 만드는 것을 내 최고의 노년 준비로 삼으려고 한다. 내 소망대로 될지는 모르겠지만...

혼신의 노력, 그들에게 적당히는 없었다

"이제 술 좀 그만 마시고 가자."
"화가 나도 적당히만 마셔야지. 너무 많이 마시면 내일 출근이 힘들어질 텐데?"
"그까짓 거 그만두라면 그만두지 뭐. 뭐가 그리도 겁나냐?"
술에 취한 친구 두 사람 간의 대화다.

시름과 회한(悔恨)을 달래기 위해 한 잔씩 시작한 술은 끝없이 이어지며 결국 술이 술을 부추기고 그로 인해 실수가 늘어날 수 있다. 적당히 마시는 것이 중요하다. '적당히'라는 말의 의미는 무엇일까?

사전을 찾아보니 '정도에 알맞게'라고 되어 있다. 다시 '정도'를 검색해 보니 '알맞은 한도'라고 되어 있다. 수치상으로 계량할 수 없기에 '적당히'라는 것은 각자의 생각에 따라 정할 수밖에 없을 것 같다.

우리 삶에서 사람들은 정말 적당히 해야 한다는 말을 많이 사용하고 또 요구받는다. 우리는 살아가면서 우리의 꿈을 달성하느냐 못하느냐는 1%의 노력의 차이에 달려있다고 많이들 말한다. '고작 1%의 차이'로 생각할지 모르겠지만, 그 1%에 의해 성패가 결정되는 것이다. 어떤 사람은 자기가 하고 싶은 일을 하면서 '적당히 하지 뭐'라는 말을 무심코 내뱉을 때도 있다. 그 사람은 그런 적당한 노력으로 자신의 꿈을 이룰 수는 없을 것이다.

철학가 이당(以堂) 안 병욱 교수님(1920~2013)은 나의 마음속 스승이다.

언젠가 방문한 '김형석·안병욱 철학관'(양구 소재)에 걸려있는 그분의 대형 사진과 작품들이 생생하게 떠오른다. 그분이 85세가 되던 해에 제게 친필로 화선지에 〈매사에 열정을〉이라고 세로로 크게 쓰시고 그 왼쪽에 작은 글씨로 〈인생의 대업을 이루기 위해서는 혼신의 힘을 쏟아야 한다.〉고 길게 써주셨다. 그분이 써주신 삶의 지침을 액자(가로 47cm, 세로 154cm)에 담아 거실에 세워두고 출근할 때마다 〈혼신의 힘을 쏟아야 한다.〉는 그 말씀을 바라보며 나를 다독이곤 한다.

안 교수님의 말씀과 같이 우리 인생에서 꼭 이루고 싶은 일은 혼신의 노력을 다해야 한다. 혼신의 노력을 다한다고 해도 반드시 원하는 대로 되지 않을 수도 있다. 그러나 혼신의 노력을 다하면 후회할 일이 남지 않는다. 범인으로서는 감히 흉내 낼 수 없는 투혼으로 자신의 꿈을 이룬 두 분의 이야기를 공유하고자 한다.

처음으로 사법·행정·외무 고시 3관왕으로 널리 알려진 고 승덕 변호사의 끈질긴 노력과 이를 견뎌낸 이야기이다. 오래전에 내가 다니던 대학에서 우연히 고 승덕 변호사의 특강을 들은 적이 있었다. 그 강의 내용은 고 변호사가 어떻게 공부하여 고시 3관왕을 달성했는지에 대한 것이었다.

그는 일반인이 상상할 수 없는 노력을 기울여 공부했다. 잠자는 시간을 제외하고는 눈을 뜬 동안은 오로지 공부에만 전념했다. 식사 시간조차 아깝다고 여겨 어머니께서는 반찬을 모두 잘게 썰어 밥 한 그릇에 담아주셨다고 한다. 이를 통해 그는 젓가락으로 반찬을 집는 데에 집중할 필요가 없어졌고, 밥을 먹어가면서도 계속해서 공부할 수 있었다. 모든 음식을 잘게 썰어 먹음으로써 소화에 대한 부담도 없다고 했다.

 그는 시험 당일까지 모든 식사를 이렇게 비빔밥으로 섭취했다. 게다가 매일 지쳐 쓰러질 때까지 공부했고, 공부를 마치고 잠을 자기 위해서는 천장의 형광등을 꺼야 했다. 옛날 천장에 달린 형광등은 스위치 역할을 하는 줄이 형광등 끝에 달려있었다. 그러나 이미 체력이 완전히 소모된 상태라 일어나서 스위치 줄을 잡아당길 힘도 없었다고 한다. 그래서 생각한 방법은 누워서도 스위치 줄을 잡아당겨 전등을 끌 수 있도록 줄을 바닥에 닿도록 길게 늘여 붙여 놓았다. 지칠 때까지 공부한 후 힘겹게 팔만 들어 올려 불을 끄고 잠을 잤다고 한다. 도저히 상상할 수 없는 노력이 그를 3관왕으로 만들었다. 머리 좋은 사람이 죽기 살기로 공부하니 소름 끼칠 정도로 무섭기까지 했다. 그에게 적당히는 없었다.

 다음으로 소개할 사람은 가수 비이다. 작고 가는 눈을 가진 무명의 백댄서에서 타임지가 선정한 '세계에서 가장 영향력 있는 인물 100인'에 선정될 정도의 월드 스타로 성장한 비는

'남다른 노력'의 중요성을 언급할 때 빼놓지 말아야 할 인물이다.

무대에서 공연할 때 립싱크는 입을 맞추기 어려워 라이브를 추구한다는 비. 그가 최고의 무대를 선보이기까지는 상상을 초월하는 고된 노력이 숨어 있었다. 비가 취한 연습 방법은 매일 2~3시간씩 러닝머신을 뛰며 팝송 〈Just One〉을 쉬지 않고 부르는 것이었다. 처음에는 폐에 물이 차는 느낌이 들 정도로 힘들었지만, 일주일을 넘기고 나니 점차 호흡법이 안정되어 갔다고 했다.

결과적으로 장시간의 라이브 콘서트를 할 때 이런 단련 과정은 큰 도움이 됐다. 이는 혹독한 연습 과정의 일부일 뿐이었다. 비는 가수들이 춤에 맞춰 노래하기 위해 사용하는 이어 모니터가 불편해 착용하지 않는다고 말했다. 이를 위해 그는 혹독한 훈련을 마쳐야 했다.

"녹음 기사에게 반주를 뺀 내 목소리를 받아 수천 번을 듣는다. 노래의 앞 음정 하나만 들어도 전체를 부를 수 있도록 통째로 외우기 위해서다."

가수 비는 유명한 연습벌레다.

그는 자신이 정상의 자리에 있는 것은 "다른 사람들보다 재능이 많아서가 아니라 자신보다 더 노력하는 사람이 없기 때문"이라고 말한다. 그의 하루 평균 연습량은 10시간에서 12시간이다.

그를 오늘의 '비'로 만든 것은 적당히는 없다는 자세와 태도로 피와 땀이 어우러진 결과였다.

 고 승덕 변호사와 가수 비의 이야기를 통해 꿈을 이룬 사람들에게 '적당히는 없었다.'는 교훈을 얻게 된다. 이 두 분은 피와 땀으로 점철된 혼신의 노력을 다하여 각자의 꿈을 이룰 수 있었다.

 세상에는 크게 두 부류의 사람이 있다. 무슨 일이든 항상 '적당히는 없다며 열심히 사는 사람'과 '적당히 하는 사람'이다. 사실 어느 유형이든 사는데 불편한 것이 없다면 그대로 문제가 없다. 적당적당히 살아야 행복하다면 그렇게 살면 된다. 또한, 적당히는 없다며 열심히 살아내야 행복하다면 그렇게 하면 된다. 서로 다름을 인정하는 게 성숙한 사회다.
 그러나 현실에서는 한쪽으로 치우치면 기울기가 생기므로 조심해야 한다. 특히 뭐든 '적당히는 없다며 열심히 하는 사람'은 마음속에 '~하지 않으면 안 돼', '~해야만 해'라는 생각으로 가득 차 있어서 항상 긴장 상태로 살기 때문에 어느 순간 지쳐 나가떨어지고 만다. 게다가 그런 사람은 지친 마음을 일으켜 또다시 도전하고, 그러다 또 무너지고 하는 상황이 반복될 수 있다. 그렇기 때문에 어떤 유형의 삶의 방식으로 살든 마음 건강, 몸 건강은 필수 조건이다.

§

손자가
그리워하는
할아버지가
되고 싶다

최근 늦게 장가간 아들이 내 생애 첫 손자를 안겨주었다.

큰 기쁨이었다. 그러나 그 기쁨도 잠시 아이를 키우는 아들 내외는 생후 90여 일을 지나는 동안에 아이 돌보느라 수면 부족과 과로로 쓰러지기 일보 직전이라 쳐다 보기가 안쓰러울 지경이었다. 이제 100여 일이 지나서부터는 많이 수월해졌지만 여전히 육아는 너무 힘들어 보인다.

요즘 친지들 얘기를 들어보면 아이 키우는 일이 전쟁이라는 말들을 한다. 이게 현실이다.

아이 키우기는 어느 시대 어느 누구든 최고의 난제지만, 요즘처럼 어려운 적이 있었나 싶다. 한쪽에서는 세계 최저 출산율을 근거로 요즘 젊은이들이 통 고생을 감수하지 않는다며 닦달하고, 다른 한쪽에서는 '손주병(病)'이니 '황혼육아'니 하며, 부모 세대에게 아이 맡기고 출근하는 딸과 며느리를 은근히 질책한다. 육아를 개인의 문제로 방치하는 사회 속에서 직장 가진 엄마들이 마지막으로 기대고 의탁할 언덕조차 '불효'라는 딱지를 붙여대니, 이 시대 엄마들은 참으로 고단하고 막막하기만 할 것이다.

2022년 10월 기준 맞벌이를 하는 전국 584만 가구 가운데 부모에게 육아를 맡기는 비율은 잡코리아 통계에 따르면 71.8%(처가), 76.9%(시댁)에 이르고 있다. 자녀를 대신해 손주를 돌보는 가구가 급증하면서 노년의 육아로 각종 통증을 호소하는 이들도 함께 늘고 있다. 실제 한국여성정책연구원 조사에서 손주를 돌보는 시간은 하루 평균 9시간에 가깝고 응답자의 63.7%가 체력적으로 부담이 된다고 응답했다. 안거나 업을 때 아기의 몸무게가 태어날 때 보다 10배 내지 15배 정도가 되다 보니 척추 관절이라든지 디스크에 가중한 압력을 줘서 그로 인해 퇴행성 변화가 더 빨리 진행하게 된다.

이런 얘기를 들으니 나는 나이가 나이이니만큼 손자를 육체적으로는 돌볼 자신이 없어졌다. 뭔가 색다른 방법이 없을까? 나름대로 멋지게 손자를 돌봐줄 길을 찾아보았지만 육아 경험 부족으로 도무지 좋은 생각이 떠오르지 않는다. 이처럼 막막할 때에 멘토(Mentor)의 자문이 응급 처방약이 될 수 있다. 바로 조언을 구해야 할 시간이다.

멘토(Mentor)는 오디세우스가 트로이 원정을 떠나며 집안일과 자신의 아들을 맡긴 멘토(Mentor)라는 조언자의 이름에서 유래하였다고 한다. 다시 말해 멘토는 모든 것을 맡기고 따를 수 있는 사람인 것이다. 우리 삶의 아주 가까운 곳에 있고 특별한 자질이나 능력을 가진 사람만이 영감을 주는 것은 아니다.

빌 게이츠의 인생에 가장 큰 영향을 준 사람은 그의 아버지라고 한다. 어린 시절 운동을 못했던 게이츠를 늘 격려하고 즐길 수 있도록 도왔고 그것이 지금 성공의 밑거름이 되었다.

미국의 전 대통령 오바마에게 마틴 루터 킹의 연설집을

쥐여준 분은 그의 어머니였다. 그 연설집이 오바마의 인생을 바꾸는 계기를 만들어 주었다.

내게는 세 분의 멘토가 있었다. 저의 대학원 학위 과정 지도 교수, K 사장 그리고 고등학교 동기 절친이 바로 그들이다. 이 세 분에게 멋지게 손자를 돌봐줄 방법에 대해 조언을 구했다.

이제는 고인이 된 은사님은 답변을 하는 대신에 이런 고백을 털어놓았다.

"나는 좋은 아버지도 좋은 남편은 아니었지만 좋은 할아버지였네. 언젠가 내가 은사님 댁을 방문했을 때 식탁에서 외손자가 학교에서 배운 것을 주제로 할아버지, 할머니와 함께 토론을 하는 모습이 인상적이었지. 그 모습을 보면서 나도 이다음에 저렇게 하면 그리움으로 남을 좋은 할아버지가 될 수 있겠구나 하는 생각을 하게 되었고 그렇게 손자와 토론하는 것을 꾸준히 실천하였었네."

그러나 나의 은사님처럼 토론하는 것만으로 그리움으로 남을 할아버지가 될 수 있을까 하는 의문이 피어올랐다.

그다음으로 K 사장에게 자문을 구했다. 그분이 손사래를 치며 말했다. "바다를 끓이려고 하지 마세요. 박 사장께서는 손자에게 인정받고 싶어 하는군요. 가르치려는 마음이 잘못된 것입니다. 잘 들어주셔요. 그냥 들어주고 사랑하세요. 손자에게 너무 기대하지 마셔요. 손자가 6~7살 때까지는 눈에 넣어도 안 아플 만큼 귀엽고 예쁘지요. 그러나 7~8살이 되면 혼자서 게임 놀이를 더 좋아하는 등 사정은 180도가 달라져요. 손자가 사랑하는 순서는 엄마, 강아지, 장난감, 아빠, 할머니 그다음이 할아버지이에요. 중·고등학교 가면 더 해요. 그때는 학원 가고 공부하느라 할아버지하고 같이 할 시간이 없어요." 대단히 실망을 주는 말이었다.

마지막으로 고교 동기인 절친에게 조언을 구했다.
그는 어느 노(老) 교수의 이야기를 해 주었다.
"그분이 TV에 나올 정도로 명 강의를 할 수 있었던 원동력은 일자무식이었지만 지혜로운 할아버지 덕분이었어. 일자무식인 할아버지가 손자를 유명한 교수로 만들다니 신기해."

그 친구가 말을 계속 이어갔다. "그 교수가 어렸을 때 할아버지는 늘 이렇게 말씀하셨다고 해. '나는 일자무식이다. 네가 학교에서 배운 내용을 할아버지에게 가르쳐다오.'

손자는 방과 후 학교에서 배운 산수, 국어, 자연 등을 할아버지에게 설명했어. 그러면 할아버지는 '어이쿠, 내 손자 참 똑똑하다.'라고 칭찬을 해 주었다고 해. 손자는 할아버지의 칭찬을 듣는 재미에 더 공부를 열심히 했다고 하더라고.

어느 날 방과 후 손자는 느티나무 밑에서 어떻게 하면 오늘 배운 것을 할아버지에게 더 잘 알려줄 수 있는지 책과 공책을 펴 놓고 연구했다고 하더군.

칭찬은 고래도 춤추게 할 수 있다는 말이 실감 나는 사례야. 초등학교 6년 동안 할아버지의 칭찬을 듣고 자란 소년은 공부가 습관화되어 늘 우수한 학교 성적을 유지했고 드디어 유명한 교수가 되었어. 공부는 자기 생각을 논리적으로 설명하는 것이니까. 쌓이는 지식 속에서 지혜와 슬기 그리고 창의력 등이 싹트는 것이니까."라고 말해주었다.

위 두 분으로부터 저는 '가르치려(Teaching) 하지 말고 들으려(Listening) 하면 된다.'라는 지혜를 얻게 되었다.
그래서 앞으로 며느리가 나에게 손자를 교육할 시간을 준다면 손자에게 98%를 말하게 하고 2% 정도만 내가 말하기로 마음을 정했다.

나는 2%만 말하는 할아버지가 되려고 최근 제임스 앨런의 「365일 명상 세트」라는 책을 샀다. 이 책은 일기 형식으로 각 날짜마다 짧은 경구와 교훈을 담고 있는데, 저자는 자신의 설명을 덧붙여 놓았다. 그는 매일 명상하는 삶의 자세를 통해, 사람들 스스로 진리와 평화를 찾을 수 있도록 돕는다. 이 책에는 똑같은 크기의 별책이 끼워져 있는데 활자가 하나도 없는 365일 명상노트였다. 책을 읽은 후, 독자의 생각을 기록하기 위한 노트였다.
나는 이 노트에 손자에게 해 줄 말들을 기록해 두기로 했다.

참고로 제임스 앨런의 365일 명상 1월 2일 자 내용을 소개한다.

"집착에서 평화에 이르는 길은 자기 자신을 극복하는 것이다. 집착에 휩싸인 자는 흔히 다른 사람을 바르게 하려고 노력한다. 그러나 지혜로운 사람은 자신을 먼저 바르게 하려고 한다....... 이하 생략"

이 내용을 다 읽고 생각한 끝에 내가 명상노트에 기록한 말은 바로 이것이다.

"지혜로운 사람은 먼저 자신을 바르게 하려고 한다."

이처럼 아주 짧으나 쉽고, 곱씹어 보면 큰 의미가 담겨있는 글들을 기록해 나가려고 한다.

앞으로 손자의 마음을 곧추세울 수 있는 명상노트를 잘 빚어내 보아야겠다. 나는 손자에게 가급적 말하는 것을 삼가고 나중에 커서 이 명상노트를 읽어보고 할아버지가 하고픈 얘기를 가슴으로 느낄 수 있다면 그것으로 만족한다. 이 노트가 손자에게 훌륭한 멘토 역할을 하길 바랄 뿐이다. 이 일은 내 여생에서 나의 손자에게 마지막으로 베푸는 일이라 생각하고 있으며, 나의 제일 중요한 일 중의 하나이다. 그래서 묵묵히 기도하는 마음으로 또박또박 정성스럽게 독후감을 한 줄 한 줄 써 내려가고 있다. 나의 사후에 손자가 이 노트를 읽는다면... 너무 큰 욕심일까. 여하튼 이 일을 하게 되어 기쁘기 그지없다.

내가 이 세상에 소풍 왔다가 그 소풍이 끝나는 날이 언제일지 그 누구도 알지 못한다. 내일 떠날지, 1년 후에 떠날지 알 수 없는 죽음. 내가 이승을 떠난 후 손자가 '할아버지의 지혜로운 사랑이 그립다'라는 생각을 해 준다면 그것으로 '내 여생의 존재 의미는 충분했다'고 생각하며 살짝 기쁨이 젖어드는 밤은 깊어만 간다.

작은 손길, 큰 울림

당신과 나눈 대화 속에서, 그리고 삶의 여러 순간들 속에서 우리가 선택하는 말들이 어떻게 우리의 경험을 형성하고 변화시키는지에 대해 생각해 보았다. 그 속에서 '말 한 마디가 천 냥 빚을 갚는다.'는 속담이 떠오르며, 우리의 언어가 어떻게 긍정적인 경험의 틀을 형성하는지를 깨닫게 되었다. 우리 사이의 거리는 단순히 물리적인 거리로만 측정되는 것이 아니라, 마음의 따뜻함과 온기로도 깊이 느껴진다. 따뜻한 마음을 가진 사람들과의 만남은 언제나 가슴 깊은 감동을 남기며, 그 추억을 함께 나누고 싶은 마음이다.

첫 번째는 어느 영양탕 집 주인 이야기이다.
내가 어느 날 점심때 몇몇 동료들과 함께 어느 영양탕 집에 간 적이 있었다. 점심 식사를 하며 반주로 소주 한 병을 시켜 일행들과 딱 한 잔씩 나눠먹으니 반병의 소주가 남았다. 식사를 마친 후 으레 그렇듯 그 반 이상 남은 소주는 식탁 위에 그대로 놔둔 채 계산을 하고 식당을 나왔다.
며칠 후 또다시 그 영양탕 집에 가게 된 나는 주인에게 농담 삼아 "사장님, 지난주에 맡겨 놓은 소주 반병 있지요? 그것 좀 주세요."라고 하였다. 주인은 "알았어요."라며 빙긋 웃고는 영양탕과 함께 새 소주 병을 들고 왔다. 그래서 내가 "남겨둔 소주를 달라고 했는데 왜 새 소주를 주시나요?"라고 물으니 그 주인은 이렇게 대답하더군요. "손님, 새 소주가 아닙니다. 손님이 남겨 놓고 간 소주에 제가 가득 채워왔을 뿐입니다."

라고 하였다.

 내가 농담 삼아 한 마디 던진 것을 주인은 인심 좋게 되받아 잔잔한 감동을 주었다. 또한 돈을 내지 않고 간다고 한들 아무런 타박이 없을 법한 그 주인의 넉넉한 마음 씀씀이에 작은 행복감이 밀려왔다. 물론 그 날 소주 값은 지불을 하고 나왔지만, 영양탕이 생각나는 여름이면 어김없이 그 집이 떠오르는 것은 어쩌면 인지상정이 아닐는지.

 두 번째는 비행기 승무원으로부터 날라 온 한 통의 편지 이야기이다.

 내가 회사 사장 시절 아끼는 부장이 그의 9살 난 아들에게 영어 말을 익히게 하려고 1년간 미국에 보내야겠다며 나에게 자문을 구한 바 있었다. 그래서 내가 지인을 통해 미국에 있는 목사님 댁에서 지낼 수 있도록 주선해 준 바가 있었다. 그 때 부장 내외가 사정이 생겨 그 아이를 비행기에 홀로 태워 보내게 되었다. 물론 이런 경우 항공사에서 특별히 아이를 잘 돌보아 주는 그런 서비스가 있는 것으로 알고 있었다.

 그러나 부모 입장에서는 비행기에서의 아이의 안전과 편안한 여행에 대한 염려가 끊이지 않았다. 아이가 비행기에서 잠을 자고, 음식을 제대로 먹는지 등에 대한 걱정이 컸다. 그러나 다행히도, 아이는 항공사의 특별한 배려 덕분에 미국에 잘 도착했다. 이는 참으로 다행스러운 일이었다.

 그 후 며칠이 지난 뒤, 그 아이를 돌보아준 여승무원으로부터 편지가 도착했다. 그 편지는 아이의 부모님과 저의 마음을 감동시키는 내용이었다. 그 편지는 그 항공사를 칭찬하는 일종의 시작점이 되었다. 이 편지를 아래에서 함께 보시지요.

'안녕하세요? 저는 모 국내 항공사 OOO편에서 오형 군의 기내 서비스를 담당했던 승무원 김 은영입니다. 오형 군이 방학을 맞아 미국에 계신 목사님 댁에 간다고 들었습니다. 혼자 보내시고 부모님의 염려가 많으셨으리라 생각되어 기내에서 어떻게 지냈는지 알려드리고자 이렇게 편지 드립니다.

 처음 만났을 때 겁을 먹은 듯 보였지만 앞쪽 창가 좌석이 맘에 들었는지 이륙 후 어느 정도 지나서는 밖을 내다보며 옆 좌석 누나와 즐거워 보였습니다.

 첫 번째 기내식은 생선요리와 빵을, 두 번째 기내식은 오믈렛을 먹었는데 생선은 거의 다 먹었고 오믈렛은 자다 일어나 먹어서인지 조금 남겼습니다. 식사 후 만화 영화를 보다가 7시간 정도 잤습니다. 추위를 많이 타는 것 같아 담요를 하나 더 덮어줬고 오렌지주스를 두세 번 마셨습니다.

 부모님을 대신할 순 없지만 혼자 외롭지 않도록 얘기도 자주 나누고 게임보다는 책을 더 좋아하는 것 같아 가져온 책을 읽어주었습니다. 성격이 참 밝아서 기내의 다른 친구들을 만나 더 즐겁게 여행한 것 같습니다. 오형 군에게 좋은 추억이 되었기를 바랍니다.   김 은영 드림'

세 번째는 골프장 캐디의 라운딩 후기에 관한 이야기이다.

 내가 회사에 근무할 때 종종 방문하는 골프장 중 하나는 특별한 곳이었다. 이곳의 락커 룸은 조금 특이하였다. 락커 룸 안에는 옷을 갈아입을 때 눈높이에 맞춰 설치된 작은 LCD 액정 화면이 있었다. 이 화면에는 담당 캐디가 라운딩을 마친 후 그날의 경기 내용을 고객들이 쉽게 읽을 수 있도록 정리하여 올려주곤 했다. 옷을 갈아입으면서 캐디가 써 준 글을 읽는 것은 라운딩 중 겪었던 순간들을 새롭게 떠올리게 해주는 특별한 경험이었다. 그래서 라운딩이 끝나고 락커 룸으로 돌아오면 어떤 이야기가 캐디로부터 왔을 지 항상 궁금해졌다. 아래는 캐디가 보내준 글 중 하나이다.

'레이크 7번 블랙홀에서 시원한 티샷에 이어 정교한 퍼팅이 이루어낸 환상적인 조화의 '버디'를 다시 한번 축하드립니다. 행복한 라운딩이 되셨는지요?

 회원님을 반기는 듯 짙은 구름은 사라지고 따사로운 햇살이 골프장을 가득 안고 있습니다. 숨바꼭질하듯 가끔 볼이 숨어버림에 술래인 제가 제대로 찾아 드리지 못해 죄송했습니다.

 다음에는 숨어 있는 볼을 끝까지 찾아서 고객님의 플레이에 지장이 없도록 노력하겠습니다. 라운딩 내내 환한 미소를 저에게 보내 주셔서 다시 한번 감사드리며, 멋진 주말로 마무리되시길 바랍니다.   담당 캐디 올림'

네 번째는 가락동에 살 때 자주 가던 집 근처의 돼지갈비집 이야기이다.

 그 집은 25명 정도를 수용할 수 있는 중형 음식점이었다. 그 음식점 좌우로는 3개씩 음식점이 다닥다닥 붙어 있었는데 다른 음식점은 한산한 반면 그 집만 늘 손님으로 북적거렸다. 왜 그럴까? 내가 그 음식점에서 가족들과 돼지 불갈비를 먹다 보면 기본 반찬 중에 맛깔나는 반찬 그릇이 금방 비워지곤 했다. 그 반찬 그릇이 다 비워지게 되면 일반 음식점에서는 "여기요! 이 반찬 좀 더 주세요."라고 주문하게 된다. 그러나 이 음식점은 비워지는 반찬 그릇이 비워졌는지 어떤지만 바라다보는 아주머니가 한 분 따로 있어 손님이 추가로 더 달라고 말하기 전에 와서 "이 반찬, 더 드릴까요?" 하고 물어서 가져다주는 것이 아닌가.

 어느 날은 장마로 배추 값이 상당히 비쌀 때였는데도 김치 반찬 그릇이 비워지자, 그 아주머니는 항상 그랬던 것처럼 김치를 추가로 가져다주셨다. 그런데 또다시 김치 반찬 그릇이 비워지자, 그 아주머니는 다시 와서 김치 그릇을 가져가려 했다. 그때 저는 예의를 갖추어 손사래를 치면서 "아주머니, 감사합니다. 괜찮아요. 요즘 장마로 김치 값이 비싼데 김치를 많이 먹으면 이 가게 손해나겠어요. 정말 괜찮아요."라고 말씀드렸다. 그러나 아주머니는 김치를 더 가져다 주려 하셨고, 나는 계속 사양하고 있었다.

이 광경을 지켜보던 사장님은 "장사를 하다 보면 돈을 벌 때도 있지만, 때로는 손해를 보는 때도 있지요."라며 "맛있게 더 드세요."라면서 사장님이 직접 김치를 가져다주셨다. 너무나 감사하고 미안했던 순간이었다.

다섯 번째는 골프장 캐디의 작은 선물 이야기이다.

예전에 골프장에서 버디를 친 적이 있었다. 그 버디를 치고 축하를 받을 때, 동행한 캐디가 축하의 말과 함께 사비를 들여서 구입한 작은 서표(書標)를 선물로 주었다. 캐디는 책을 읽을 때 이 작은 선물을 유용하게 사용하기를 바란다고 말했다. 이 작은 선물은 크기가 적당하고 분홍색 자수로 아름답게 꾸며져 있어서 보기에도 아주 좋았다.

버디를 치고 축하를 받으며, 그리고 캐디로부터 이 작은 선물까지 받게 되어서 짐짓 미안한 마음이 들기도 했지만, 더 큰 즐거움과 고마움이 느껴졌다. 캐디가 고객을 위해 작지만 특별한 이벤트를 준비해 준 것에 대한 정성이 버디를 치고 축하를 받은 것보다 더 큰 감동으로 다가왔다. 이를 통해 만난 그 골프장과 캐디를 오랫동안 기억하고 특별히 고맙게 생각하게 되었다.

위의 예시들은 모두 서비스업 종사자들의 이야기이다. 이들의 경험들은 모두 특별하고 감동적이다. 이러한 사례들은 남들과 차별화된 서비스를 제공함으로써 경쟁력을 확보하고 있음을 명확히 보여준다. 다른 사람들과 동일한 서비스를 제공하는 것은 쉽지만, 차별화된 서비스를 제공하는 것은 어렵다.

나는 이제 70세를 훌쩍 넘은 나이이기 때문에 서비스업 종사자가 될 가능성은 적을 것이다. 그러나 내가 만나는 사람들은 모두 나의 고객이라고 생각한다. 그들과 가까워지고 싶다면 마음의 온도를 높여야 한다고 느낀다. 그들과의 만남과 대화에서 내 마음의 온도가 어떻게 되는지를 되돌아보게 된다.
나를 만나러 오고 가는 한 분 한 분은 한 인생이 내게 오고 가는 것인데 그분들에 대한 마음의 온도를 높여 온 정성을 다해 맞이해야 하겠다는 다짐을 해본다.

어떻게 하면 내 마음의 온도를 높여 남들과 차별화할 수 있을까?

세월을 넘어선
지어미의
지아비 사랑

"부드러운 카푸치노 거품을 닮아 평온한 영정 사진 속 당신의 모습.

무슨 말로 시작하고 어떤 말로 매듭을 지어야 할지 허공을 바라보는 시선, 머무를 공간조차 없더이다.

당신 가시던 날 아침 해는 어찌 그리 붉던지요.

저녁노을은 어찌 그리 곱던지요."

사랑하는 사람을 떠나보내고 난 후 다가오는 슬픈 모습과 독백이다. 한 사람을 먼저 떠나보내고 난 후, 과거의 추억들이 마음 깊은 곳에서 용솟음을 치는 모습이 마음을 아프게 한다. 그 가버린 세월, 아픈 이야기나 아름다운 이야기들을 편지에 담아 맑은 가을 하늘 위로 보내는 일도 있다.

여기 그냥 지나치기에는 너무나 애절한 사랑을 담아 하늘로 보내는 이 응태의 아내(원이 엄마)와 제갈 정웅 씨의 편지를 함께 공유하고자 한다.

그 처음 이야기는 이 응태 아내의 머리카락으로 삼은 미투리(모양은 목이 낮고 개방형으로 짚신보다 고급스러운 신발)와 편지에 관한 내용이다.

이들 부부는 450여 년 전 안동에 살았었다.

1998년 4월 고성 이씨 문중 묘를 이장하던 중 이 응태의 묘가 발굴되었는데, 발굴 당시 그의 시신은 놀랍게도 하나도 썩지 않은 미라 상태였고, 시신과 함께 75점의 의복, 18통의 서찰 등의 유물이 같이 발견되었다. 발견된 서찰 중 하나는 이 응태의 시신을 감싸고 있었던 것으로 아내(원이 엄마)가 남편에게 보낸 애절한 한글 서찰이었다.

그 서찰에는 아내가 전염병에 걸려 생사를 헤매고 있는 지아비를 위해 머리카락을 잘라 미투리를 만들게 되면 어떤 병도 낫게 된다는 이야기를 듣고서 자신의 머리카락을 잘라 미투리를 만들었다는 이야기가 담겨있었다. 그러나 이 응태는 1586년, 31세의 나이에 사랑하는 아내와 어린 아들 원이, 그리고 아내의 태중에 있는 아직 태어나지 않은 유복자를 남기고 세상을 떠났다.

이런 애절한 이야기는 세계적인 탐사 채널인 내셔널 지오그래픽과 학술지 앤티퀴티(Antiquity:고대라는 뜻), 중국 공영 방송인 CCTV를 통해 세계에 전해졌으며, '한국의 사랑과 영혼'이라는 찬사를 받으며 많은 이들의 마음을 감동시켰다.

원이 엄마의 감동 어린 서찰 내용을 함께 보자.

원이 아버지에게

병술 년(1586) 유월 초하룻날 아내가

당신은 언제나 나에게 둘이 머리 희어지도록 살다가 함께 죽자고 하셨지요.

그런데 어찌 나를 두고 당신 먼저 가십니까?

나와 어린아이는 누구의 말을 듣고 어떻게 살라고 다 버리고 당신 먼저 가십니까?

당신은 나에게 마음을 어떻게 가져왔고 또 나는 당신에게 어떻게 마음을 가져왔었나요?

함께 누우면 언제나 나는 당신에게 말하곤 했지요.

여보, 다른 사람들도 우리처럼 서로 어여삐 여기고 사랑할까요?

남들도 정말 우리 같을까요?

어찌 그런 일들을 생각하지도 않고 나를 버리고 먼저 가시는가요?

당신을 여의고는 아무리 해도 나는 살 수 없어요.

빨리 당신께 가고 싶어요.

나를 데려가 주세요.

당신을 향한 마음을 이승에서 잊을 수가 없고, 서러운 뜻 한이 없습니다.

내 마음 어디에 두고 자식 데리고 당신을 그리워하며 살 수 있을까 생각합니다.

아~ 내 편지 보시고 내 꿈에 와서 자세히 말해주세요.

꿈속에서 당신 말을 자세히 듣고 싶어서 이렇게 써서 넣어드립니다.

자세히 보시고 나에게 말해주세요.

당신은 내 뱃속의 자식 낳으면 보고 말할 것 있다 해놓고 그렇게 가시니 뱃속의 자식을 낳으면 누구를 아버지라 하라시는 것인지요?

아무리 한들 내 마음 같겠습니까?
이런 슬픈 일이 하늘 아래 또 있겠습니까?
당신은 한갓 그곳에 가 계실 뿐이지만 아무리 한들 내 마음같이 서럽겠습니까?
한도 없고 끝도 없어 다 못 쓰고 대강만 적습니다.
이 편지 자세히 보시고 내 꿈에 와서 당신 모습 자세히 보여주시고 또 말해주세요.
나는 꿈에는 당신을 볼 수 있다고 믿고 있습니다.
몰래 와서 보여주세요.
하고 싶은 말, 끝이 없어 이만 적습니다.

그다음 이야기로는 제갈 정운 씨가 사별한 부인(29년 결혼 생활을 끝으로 암으로 저세상으로 떠남)에게 보내는 '하늘에 띄우는 연가' 속에 나오는 망부가이다.

"아내는 투병 기간 동안에도 내게 양말을 신겨주는 일을 쉬지 않았다. 결혼 후 마지막 2개월을 제외하고 29년 동안, 매일 양말을 신겨주는 일을 해왔다. 새벽에 조용히 일어나려고 해도, 언제나 깨어 나의 발에 양말을 신겨주곤 했다. 출근 준비의 마지막 단계인 양말 신는 일은 그녀가 꼭 해야 할 일이라며, 결코 쉬지 않았다. 양복을 입고 넥타이를 맬 때면 언제나 양말을 들고서 발끝을 들라고 했다.

평소에는 어렵지 않은 일이었을 텐데, 중병을 앓고 있는 몸으로는 감당하기 어려웠을 것이다. 병이 심해지면서 힘들어하는 아내를 보면서 내가 신어도 된다고 했지만, 아내는 병원에 입원하기 전까지는 굳이 자기가 하겠다며 뜻을 굽히지 않았다. 그녀의 강인한 의지에 가슴이 뭉클했다. 양말 신겨주기를 통해 사랑한다는 것을 나에게 전하고 싶은 것이라는 생각이 들었다."

위의 두 가지 사례에서 나타나는 미투리와 하늘로 보내는 편지, 그리고 양말을 신겨주는 이야기는 내 마음 깊은 곳에 감동을 주었다. 이 두 분의 지아비 사랑을 통해 사랑은 마음을 뜨겁게 하고, 서로를 위해 정성과 온 힘을 다하는 것이라는 교훈을 배웠다. 사랑은 주는 것이 없이는 존재할 수 없다는 것을 깨달았다. 또한, 미투리를 통해 사랑이 나타난다는 사실 또한 큰 교훈이었다. 지아비에게 미쳐 신겨주지 못한 채 같이 무덤 속에 묻힌 미투리는 아내의 삶에선 비극이었지만, 후대의 시선에선 그들을 추억할 영원한 상징이 되었다.

사람의 생은 누군가에게 기억됨으로써 가치를 얻는다면, 아낙이 진심으로 사랑했던 지아비는 그녀와 함께 여러 세기에 걸쳐 누군가에게 기억되며 영원히 서로가 사랑하는 모습으로 기억될 것이다. 현세에서의 비극이 저승에서의 영원으로 이어진다면, 아낙은 지아비의 상실에도 불구하고 자신의 삶을 두고서 웃음을 지었을지, 울음을 터뜨렸을지 모른다.

사람이 사랑을 통해 살아가는 것이 바로 삶이다. 사람, 사랑, 삶의 근원을 추적해 보면 세 단어 모두가 하나의 어원에서 비롯됐음을 알 수 있다. 이들이 서로 닮아 있는 것일까? 사랑에 묶이지 않고 살아가는 사람도 있지만, 사랑이 끼어들지 않는 삶은 존재하지 않는 것 같다.

 사랑은 우리에게 삶을 이끄는 동력이다. 그 힘으로 우리는 세월을 헤쳐 나간다. 사랑은 어려운 시기에도 우리를 굳건하게 만들어주어, 우리가 힘든 순간에도 무너지지 않게 해준다. 이처럼 사랑은 우리가 살아가게끔 도와준다.
 하지만, 사랑의 종류는 매우 다양하기 때문에 사랑을 한마디로 정의하기는 어렵다. 그러나 위에서 언급한 아낙의 지아비에 대한 사랑은 참으로 소중하다. 만약 그것이 사랑이 아니라면, 우리는 어떤 것을 사랑으로 정의할 수 있을까?

 서로 사랑하고 아껴주기에는 시간이 없다. 새해를 맞은 지 벌써 9월도 끝나간다. 새해의 2/3가 지났다니, 나는 병석의 아내를 위해 미투리 비슷한 것 하나도 엮지 못했는데, 이거 큰 낭패다.

아버지의 사랑, 그리고 늦은 깨달음

한 아버지의 헌신적인 사랑을 담은 감동적인 이야기가 있다. 장애를 가진 아들 릭 호잇(Rick Hoyt, 44세)은 태어날 때부터 온몸이 탯줄로 감긴 채로 세상에 나와 뇌에 치명적인 손상을 입어 사지가 마비되었다. 9개월이 되었을 때 의사는 "이 아이는 평생 식물인간처럼 지낼 것입니다. 차라리 요양소에 아이를 맡기시지요."라고 말했다. 그러나 아버지인 딕 호잇(Dick Hoyt, 66세)과 어머니는 그 제안을 거절했다. 왜냐하면 그들은 거실을 돌아다닐 때 릭의 눈동자가 그들을 따라다니는 것을 알았기 때문이었다.

장애를 가진 아들을 위해 끝없는 사랑을 쏟아낸 부모의 헌신으로, 릭은 조금씩 반응을 보이며 의사소통을 할 수 있게 되었다.

어느 날, 마라톤 대회에 참가하고 싶어 하는 아들을 위해 아버지는 휠체어를 밀고 뛰기로 결심했다. 결국, 아버지는 마라톤의 42.195km를 완주했다. 아버지의 헌신적인 사랑을 경험한 아들은 감동을 받아 이렇게 말했다.

"아빠, 우리가 함께 뛸 때 저는 더 이상 장애인이 아닌 것 같은 느낌을 받았어요."

그 후, 아버지는 아들과 함께 철인 삼종 경기에 참가했다. 순전히 아들을 위해 달리고, 헤엄치고, 자전거를 타며 아들의 행복한 미소와 기쁨을 위해 노력했다. 이런 사랑을 나눈

아버지와 아들은 말한다.

"아버지가 없이는 전혀 할 수가 없었어요."

"얘야, 아들이 없었다면 나는 이렇게 하지 않았을 것이다."

아버지는 사랑을 아들에게 헌신적으로 전달하였고, 감동을 받은 아들은 아버지에게 깊은 존경심을 표현했다. 이런 가운데 나누는 부자지간의 대화는 사랑과 존경의 아름다운 조화, 바로 그 자체였다. 그들의 대화는 마치 가슴 깊은 곳에서 우러나온 사랑이 서로를 지켜주고, 지친 어깨를 토닥이며 상처를 어루만지는 지지가 되어 피어나는 꽃과 같았다.

우리의 가족은 농경 사회를 경험한 조부모와 산업 사회를 겪은 부모, 그리고 정보화 사회 속에서 살아가고 있는 손·자녀가 함께 공존하고 있다. 그러나 이러한 다양한 경험과 환경의 차이로 인해 세대 간의 기대치가 충족되지 못하는 갈등이 심각한 문제로 대두되고 있다. 부모보다 자녀를 더 귀중하게 여기고 우선시하는 경향이 강해졌으며, 과거에는 대가족이 함께 살면서 서로를 이해할 수 있는 기회가 있었지만, 이제는 그런 기회가 사라졌다.

또한 대학 입시 중심의 교육으로 인해 인간관계와 도덕성의 기초가 무시되고 있는 실정에 있다. 이는 세대 간의 단절 현상의 골을 더욱 깊어가게 하고 있다. 이러한 현상은 과학 기술의 발전과 사회 환경의 급변에 따라 더욱더 심각해질 것으로 예상된다.

70세를 넘어선 아버지들은 아버지가 되는 것에 대한 학습을 받아보지 않은 채 갑자기 아버지가 되었다. 이들은 그동안 단순히 집안에 생활비를 가져다주고 자녀들의 학비를 지원하는 것이 가족 사랑이라고 생각해왔다. 늦은 시간에 집에 돌아오면서도 가족을 먹여 살리느라 늦게까지 일하는 것을 당연시하고 정당화했다.

 자녀들과 만나고 싶어도 대화하는 방법을 잘 몰랐다. 그들은 자신들이 잘 이해될 것이라고 믿어왔기 때문이었다. 그러던 어느 날, 자녀들로부터 충격적인 이야기를 듣게 된다. "아버지와는 잘 통하지 않아요. 세대가 달라요. 아버지는 저를 전혀 이해하지 못해요. 아버지와 제가 대화할 수 없어요."

 아주 오래전에 아들과 함께 외출 후 귀가하다가, 내가 "아들아! 너의 얼굴을 보니 '걱정이 하나 있어요.'라고 얼굴에 쓰여 있는데 무슨 걱정이 있는지 아빠한테 털어놔 봐라."라고 말했다. 아들은 "아무것도 아니에요."라며 말을 끊어 버렸다. 그래서 나는 "아들아! 이런 식으로 나와 대화의 담을 쌓고 살면 어떻게 하느냐. 엄마도 아파서 병원에서 저러고 있는데 부자지간에 이게 뭐니?"라고 불편한 심기를 드러냈다.

 내심 미안했던지 "아버지, 죄송해요. 실은 오늘 한양대의 오 교수님을 만나서 앞으로의 저의 진로에 대하여 이런저런 대화를 많이 나누었어요. 그런데 그분 생각이 저와 아버지가 그동안 이야기해왔던 진로 방향과 달라서 교수님 생각대로 하고 싶다고 하면 아버지가 또 줏대 없이 왔다갔다 한다고 화를 낼 것 같고 아버지 논리대로만 강요할 것 같아서요."라고 말했다.

 오 교수와의 대화 내용을 나에게 말하기를 주저하는 아들에게 "저녁 식사를 같이 하면서 이야기하자."라고 하면서 음식점으로 향했다. 술잔을 기울이면서 아들의 이야기를 청취하고 내 의견도 개진하는 등으로 대화를 그럭저럭 이끌어 갔지만, 나와 아들 사이에는 여전히 대화의 벽이 존재한다는 것을 깨달았다.

 최근 통계에 따르면 가족 중 아들이 주로 대화하는 상대는 어머니가 70.3%를 차지하며, 형제자매가 17.7%를 차지하고 있다. 그러나 아버지는 겨우 7.1%에 그치는데, 부자 간의 대화는 하루에 1분도 채 안 된다는 통계를 보고 가슴이 뜨끔했다. 우리는 가족이라는 이름으로 한 울타리에 살고 있지만, 아버지와 아들은 물리적 거리보다는 마음의 거리가 훨씬 더 멀게 느껴졌다.

 홀로 터벅터벅 걸어가는 아버지들은 어딘지 모르게 어깨가 축 늘어져 있는데, 이것이 바로 위에서 눌리고 밑에서 치이는 조직 생활에서 자기 한 몸을 추스르기가 쉽지 않았기 때문인지, 아니면 반복적인 하루를 보내며 간신히 버티는 날이 수두룩했기 때문인지 모른다.

이런 아버지들은 수고하고 땀 흘리며 가족을 사랑하며 살아가지만, 알게 모르게 가정에서 소외되고 있다. 그러나 아버지의 마음의 중심은 언제나 가정에 있다. 아들이 이 세상에서 자기 몫을 다할 수 있도록 뒷바라지를 잘해 주어야 한다는 의무감은 아버지의 뇌리 속에서 늘 떠나지 않고 있다.

 그럼에도 불구하고 아버지들은 가슴속에 품고 있는 마음들을 잘 밖으로 드러내 놓지 않는 경향이 있다. 김 현승 씨가 쓴 〈아버지의 마음〉의 마지막 구절에 이런 구절이 있다. '아버지 눈에는 눈물이 보이지 않으나 아버지가 마시는 술에는 항상 보이지 않는 눈물이 절반이다. 아버지는 가장 외로운 사람이다.' 이것이 현시대를 사는 아버지들의 참 모습이 아닐까 생각된다.

 마라톤과 철인 삼종 경기에 참가하여 아버지의 헌신적인 사랑을 보여주는 분도 있지만, 아들이 나와의 대화의 벽을 쌓아 오는 동안 나는 아들에 대한 관심은 멀리 한 채 너무 일 중심으로 살았다는 자책감에 가슴을 쓰다듬는다.

 조금 더 큰 사랑을 줄 수 있었을 텐데…
 좀 더 격의 없는 대화를 나눌 수 있었을 텐데…
 때로는 아비의 한 마디가 아들의 상처를 보듬고 삶의 허기를 달래기도 했을 텐데…

나의 말이 아들의 가슴 깊이 파고들어 지지 않는 꽃이 되고, 아들은 그 꽃을 바라보며 위안을 얻을 수도 있었을 텐데...
 그러나 이것은 말이 쉽지만 사실은 쉬운 일이 아니다. 딕과 릭의 사랑과 존경은 영화 같은 기적을 만들어 냈지만, 현실의 사랑과 존경은 그리 녹록지 않다.

 이제 40대 중반의 내 아들은 한 아이의 아버지가 되었다. 아들이 가정을 꾸리다 보니 모든 관심이 아이에게 집중되고 있다. 내리사랑이니 당연한 일이다.
 세월이 흐르는 물결 속에서 자식이 세상 풍파를 겪을수록 빗줄기는 굵어지고 축축한 옷은 납처럼 무거워진다. 그러는 사이 부모는 우산 밖으로 밀려난다. 조금씩, 조금씩, 어쩔 수 없이.
 그럼에도 불구하고 나와 아들 간의 격의 없는 소소한 대화는 아직도 면면히 이어지고 있으니 그나마 큰 다행이다.
 부자지간은 한없이 가까운 것 같으면서도 때론 한없이 멀어서 아득하고, 누구보다 서로를 잘 안다고 생각하지만 때론 서로에 대해 모르는 것이 너무나 많다.

 곁에 있는 아들을 잘 읽고 부단히 헤아려야지.
 말 한마디라도 공들여 해야지.
 대화를 통해 아들 가슴 깊이 파고들어지지 않는 꽃들을 심고 그들을 잘 피어나게 해 보아야겠다.

아울러 아들에게 못다 한 사랑을 손자에게 쏟아부어보고 싶다. 손자 사랑 때문에 정성을 다하다 보면 자연스럽게 아들과의 대화도 깊어지리라.

늦었지만 지금부터라도 딕과 릭의 헌신과 사랑의 모습을 만분의 1이라도 닮아보고 싶다.

그리하여 먼 훗날 아들에게 진한 그리움으로 남아 있는 아비가 되고 싶다는 생각의 나래를 펴다 보니 밤은 깊어만 간다.

작은 날개의
위대한 여정

2022년 6월 결혼한 아들 부부가 2023년 6월 내게 손자를 안겨주어 숨이 막힐 만큼 가슴 벅찬 순간을 선사했다. 요즘 생후 1년 6개월 된 손자가 해맑게 웃으며 아장아장 걷는 모습은 더없이 큰 기쁨을 준다. 그러나 손자는 마냥 기쁨만 주는 존재는 아니다.

 아직 말을 트지 않아 원하는 것이 채워지지 않으면 악을 쓰며 울고, 바닥에 드러누워 발을 구르거나 몸을 흔드는가 하면, 장난감을 내던지기도 한다. 그럴 때면 아들과 며느리는 손자가 무엇을 원하는지 경험상 눈치를 채고, 우선 아기의 요구를 즉시 들어줘 집안이 조용해지도록 한다.

 그러나 내 생각에는 아이가 떼를 쓸 때마다 원하는 대로 해주는 것은 단기적으로는 상황을 진정시킬 수 있어도, 장기적으로는 문제 행동을 강화할 수 있다. 아이는 '떼쓰면 원하는 것을 얻을 수 있다'고 학습하게 되고, 이후에도 같은 방식으로 요구를 관철하려 들 수 있기 때문이다.

 손자가 자라는 모습을 보며 어떻게 잘 훈육하고 바르게 키워야 할지에 대한 걱정과 고민도 점점 깊어져 간다. 아이를 사랑으로 품되, 바른 원칙과 훈육이 뒷받침될 때 아이는 건강하고 자주적인 성인으로 성장할 수 있음을 새삼 되새긴다.

 지인들의 경험에 따르면, 아이들은 2~4세 전후에 "안돼!", "싫어!", "내 거야!" 같은 부정적 표현을 사용하거나 짜증을 내고 물건을 던지는 행동을 보이기 시작한다. 4~6세가 되면

"다른 애들은 다 해요", "지금부터 아무것도 안 할 거야", "안 해주면 밥 안 먹을 거야" 등 떼를 쓰는 방식이 더욱 복잡하고 고집스럽게 변한다고 한다.

이런 상황에서 요즘 젊은 부모들은 아이가 귀하다는 생각에 아이가 원하는 것을 다 들어주는 경향이 크고, 때로는 아이를 지나치게 보호하며 '화초처럼' 키우기도 한다. 그러나 이러한 양육 방식은 아이가 어려움을 스스로 해결할 기회를 빼앗고, 좌절과 도전을 통해 성장하는 기회를 제한할 수 있다.

우리나라의 교육 환경은 매우 치열하다. 부모들은 자녀가 원하는 대학에 가고 좋은 직장을 잡을 수 있도록 온갖 어려움을 함께 극복하며 눈물겨운 여정을 걷는다. 이 과정에서 부모들의 양육 방식은 다양한 형태로 나타난다.

긍정적 양육 방식으로서는 등대 부모와 트램펄린 부모가 있는데, 등대 부모(Lighthouse Parent)는 자녀에게 방향과 지침을 제공하면서도 자율성을 존중하는 부모로, 트램펄린 부모(Trampoline Parent)는 자녀가 실패나 좌절을 겪었을 때 지지하고 다시 일어설 수 있도록 돕는 부모로, 자녀의 회복력을 키워주는 긍정적인 양육 방식이다.

과잉보호적 양육 방식으로서는 여러 가지가 있는데,
헬리콥터 부모(Helicopter Parent)는 자녀 주위를 맴돌며 지나치게 간섭하는 부모로, 자녀의 독립성과 문제 해결 능력을 저해할 수 있고, 드론 부모(Drone Parent)는 헬리콥터 부모보다 더 밀착 관리하고 세밀하게 통제하는 부모로, 자녀에게 과도한 압박을 줄 수 있으며, 제설기 부모(Snowplow Parent)는 자녀 앞의 장애물을 제거해 모든 것을 쉽게 만들어주는 부모로, 자녀의 회복력과 책임감을 약화시킬 수 있다. 아울러 잔디깎이 부모(Lawnmower Parent)는 자녀의 모든 어려움을 미리 제거해 주는 부모로, 자녀가 어려움 속에서 성장할 기회를 빼앗을 수 있고, 중재자 부모(Mediator Parent)는 자녀의 갈등 상황에 적극적으로 개입해 문제를 해결하려는 부모로, 자녀가 스스로 문제를 해결할 기회를 잃게 만들 수 있다.

이러한 양육 방식들은 상황과 맥락에 따라 평가가 달라질 수 있다. 적절한 지지와 방향 제시는 긍정적인 영향을 미치지만, 지나친 간섭은 자녀의 독립성과 문제 해결 능력을 저하시킬 수 있다. 부모는 아이의 자율성과 책임감을 키우면서도 필요한 때에는 지지와 조언을 아끼지 않는 균형 잡힌 양육이 중요하다.

아이가 유년기를 지나 소년기와 청년기에 이르기까지 과잉 보호적인 양육 방식은 시기별로 심리적·사회적인 부정적 결과들이 나타날 수 있으니 특별히 주의해야 한다. 유년기(어린 시절)에는 인내심 부족, 이기심과 배려 부족, 또래와 협력·

갈등 해결 경험 부족으로 이어지고, 청년기(청소년 시절)에는 타인에 대한 공감 능력 결여, 부모가 문제 해결을 대신 해주어 스스로 문제 해결 능력 부족, 노력보다는 결과를 중시하는 태도가 형성된다. 성인기에는 직장에서 상사나 동료와의 갈등해결 능력 부족, 타협과 협력 능력이 부족해 인간관계 형성에 어려움을 낳고, 스스로 문제 해결을 회피하고 타인에게 의존하게 된다.

 이러한 과잉보호적인 '화초처럼 키우기' 방식이 지속되면 개인의 심리적·사회적 문제가 사회 전반으로 확대될 수 있다. 개인주의 성향이 강해져 공동체 의식이 약화되고, 협업과 협력이 중요한 현대 사회에서 경쟁력 저하로 이어질 수 있다. 이는 국가의 지속 가능성을 위협할 수 있는 심각한 문제로, 부모와 사회가 함께 균형 잡힌 양육과 인성 교육에 힘써야 한다.

 오늘날과 같은 치열한 경쟁 사회에서 강인한 정신력과 자립심이 부족한 청소년들을 보면 중국에서 전남 흑산도를 향해 날아오는 노랑눈썹솔새의 이야기가 떠오른다.
 이 작은 철새는 엄지손가락만 한 크기에 불과하지만, 혹독한 겨울을 피해 중국 헤이룽장성에서 전남 흑산도까지 약 1,550km의 먼 거리를 날아온다. 그 작은 날개를 파닥여 바다와 산을 넘는 이 고된 여정은 약 20일 동안 지속된다.
 어떻게 그처럼 작은 몸으로 그 먼 거리를 날아올 수 있을까? 수많은 위험 속에서도 대를 이어 매년 어김없이 흑산도를 찾는 그들의 여정은 경이롭다. 더 나은 환경과 생존을 위해 끊임없이 도전하는 강인한 생명력은 인간에게도 깊은 교훈을 준다.

노랑눈썹솔새의 강인한 생명력과 도전 정신은 인간에게 스스로 역경을 극복하고 더 나은 미래를 향해 나아갈 수 있는 용기를 가르쳐 준다. 이는 아이들을 양육할 때 부모와 사회가 잊지 말아야 할 중요한 가치이다.

안락함에 길든 철새에 관한 우화를 하나 더 소개한다.

한 무리의 철새가 먼 남쪽으로 날아가던 중 비옥한 옥수수밭을 발견했다. 배고팠던 새들은 잠시 쉬며 배를 채웠다. 하지만 그중 한 마리 철새는 옥수수밭의 풍요로움과 편안함에 빠져들어, 더 이상 떠나고 싶지 않았다.

"왜 고생스럽게 먼 길을 가야 하지? 여긴 먹을 것도 많고 따뜻한데."

동료들은 계절이 바뀌면 추위가 닥칠 것이라며 떠나자고 설득했지만, 철새는 그 말을 가볍게 흘려듣고 그대로 그곳에 남기로 했다.

시간이 흐르면서 철새는 옥수수를 먹고 살이 쪄서 날아오를 힘을 점점 잃어갔다. 가을이 깊어지자 차가운 북풍이 불어왔고, 이제는 떠나려 해도 날 수 없는 상태가 되어버렸다.

살던 곳이 얼어붙으며 더 이상 머물 수 없게 된 철새는 비로소 자신의 어리석음을 깨달았지만, 이미 늦어버린 상황이었다.

이 우화는 안락함과 즉각적인 만족에 안주하면 미래의 어려움에 대비할 수 없다는 교훈을 준다. 때로는 고된 여정을 선택해야만, 안전하고 지속 가능한 삶을 살 수 있다는 중요한 가치를 전달한다.

노랑눈썹솔새의 끈기와 결단력, 그리고 안락함에 길든 철새의 우화는 우리가 삶에서 도전과 인내를 배울 수 있는 좋은 사례다. 이와 유사한 실화들을 청소년 교육에 적용한다면, 의지, 도전 정신, 인내심과 같은 중요한 가치를 자연스럽게 가르칠 수 있을 것이다.

작고 여린 새들이 힘든 여정을 통해 생존하고, 더 나은 환경을 향해 끊임없이 도전하는 모습을 통해 우리는 삶을 개척하는 용기를 배울 수 있다. 이를 바탕으로 청소년들에게 강한 정신력과 자립심을 길러주는 인성교육이 가능할 것이다.

서로를
빛내주는
광나는 말

나에게는 특별한 경험이 있다.

바로 싱가포르에서의 선배 결혼식 참석이었다. 그 선배의 결혼 이야기는 마치 한 편의 연애 소설을 연상시킬 만큼 사연이 많았으며, 선배 집안의 반대가 엄청났다고 한다.

신부는 선녀처럼 아름다워서 반대할 이유가 전혀 없어 보였다. 주례 선생님은 저와 선배의 대학 은사이기도 했다. 머리카락이 몇 올 남지 않은 선생님의 머리는 불빛을 받아 자개같이 반짝였다.

드디어 선생님의 주례사가 시작되었다.

"검은 머리가 파뿌리가 될 때까지 서로 사랑하는 것도 좋지만 검은 머리가 저처럼 대머리가 될 때까지 변함없이 서로 사랑하는 것도 좋습니다."

그 순간, 식장 안 곳곳에서 폭소가 터져 나왔다.

이어지는 주례사는 신랑 신부와 하객들에게 재차 웃음을 선사했다.

"제 대머리를 한문으로 딱 한 자로 표현하면 빛 광(光)이라고 할 수 있지요. 신랑 신부가 백년해로하려면 광(光)나는 말을 아끼지 말고 해주어야 합니다. 세상에서 가장 무서운 것은 인간의 세 치 혀입니다."

하객들은 모두 진지한 눈빛으로 주례사를 듣고 있었다.

"가까운 사이일수록 예의를 지키라는 말이 있습니다. 아무리 부부라도 말을 함부로 해서는 안 됩니다. 그러나 '여보,

사랑해. 당신이 최고야!'라는 광(光)나는 말은 검은 머리가 대머리가 될 때까지 계속해도 좋은 겁니다."

그 순간, 하얀 장갑을 낀 선배의 손이 부지런히 움직이고 있는 게 내 눈에 보였다. 선배는 신부에게 수화로 선생님의 주례 내용을 알려주고 있었다. 그 모습에 가슴이 먹먹해지는 마음은 저뿐만이 아니었을 것이다.

선생님은 다음과 같은 말씀으로 주례사를 마치셨다.
"여기, 이 세상에서 가장 훌륭한 신랑이 가장 아름다운 신부에게 이 세상에서 가장 아름다운 말을 해주고 있습니다. 군자는 행동으로 말하고 소인은 혀로써 말한다고 합니다. 오늘 주례인 저는 혀로써 말하고 있고, 신랑은 행동으로 말하고 있습니다. 신랑 신부 모두 군자의 자격이 있는 것입니다. 두 군자 님의 새로운 인생에 축복이 가득하길 빌면서 이만 소인의 주례를 마치겠습니다."

저는 선생님과 신랑 신부를 향하여 힘껏 박수를 쳤다. 예식장은 하객들의 박수 소리에 떠나갈 듯했었다.

"광(光)나는 말"이라...

언젠가 황 창연 신부님의 강론을 들은 바 있는데 말에는 생명을 살리는 말씀, 열매를 맺는 말씨, 다른 사람의 가슴을 멍들게 하는 말투가 있다고 하였다. 그리고 광(光)나는 말은 열매를 맺는 말씨 중 하나일 것이라고도 했다.

심리적으로 남성들은 인정받고, 존경받고 싶어 하는 욕구가 강하고 여성들은 그들의 존재 자체에 대한 칭찬을 갈망하고 있다고 한다. 그런데 우리의 남편과 아내들은 왜 반려자에 대한 격려와 칭찬이 부족한지 이해할 수 없을 정도이다.

 내 아내는 정말 여우 같은 여자다. 그녀는 겉과 속이 다른 내숭 100단이라고 할 수는 없지만 70~80단 정도는 되지 않을까 싶다. 그 여우 같은 아내의 매력 중 하나는 아무래도 애교일 것 같다.
 어느 날 내가 출근하려고 신발을 신고 아파트 문을 열려고 했을 때, 그녀는 두 손을 아랫배 쪽에 다소곳이 모으고 "낭군님! 돈 많이 벌어오세요."라고 하면서 고개를 숙였다. 정말 애교가 흘러넘치게 인사하는 모습이었다. 그래서 내가 "공무원이 무슨 수로 돈을 많이 벌어올 수 있나? 기대하지 말아요. 다만, 하나 확실한 건 당신과 결혼한 건 내 인생에서 최고로 잘한 결정 중 하나야."라고 말하고 문을 닫았다.

 또한 내 아내는 상큼하다. 그녀의 상큼함은 내 단골집 민속 주점에서 밑반찬으로 주는 잘 익은 김치 맛이다. 얼마나 그 맛이 상큼하던지 안 먹어본 사람은 모를 것이다. 이러한 상큼한 아내에게 한마디 던진다.
 "당신은 긴 가뭄 끝에 내리는 한 줄기 소낙비 같은 여인이야."

이 말을 듣고 입가에 잔잔한 웃음을 흘리던 아내가 한 마디 한다.

"당신은 참 대단한 남자야."

우리 부부는 이 같은 광나는 말 한마디로 하루를 열어 가곤 했다. 나같이 무뚝뚝한 경상도 남자가 약간 놀랍지만, 그래도 자주 칭찬해 보니 조금씩 더 좋아졌다.

부부간의 삶은 오롯한 사랑스러운 추억으로 가득해야 한다. 노년에 이르러서, 부부들은 젊었을 때의 그 추억들을 공유하며 산다. 중풍이라도 걸려 똥과 오줌을 받아내야 할 때, 고생하고 속 썩인 기억밖에 없는 남편에 대해 아내는 "아유, 지지리 궁상... 젊어서 고생시키더니 늙어서까지 나더러 똥 치우게 만들어."라고 말한다.

그러나 아름다운 추억을 가득 남겨 준 남편이 병에 걸려 어려울 때 아내는 남편이 자신을 위해 한 평생을 고생하며 살았던 것을 생각하고 함께 이겨내자며 정성껏 간호한다.

가정 안에서 아내와 남편 사이에 밀알이 되는 것은 심오하고 복잡한 철학이 아니다. 작은 것부터 시작해야 한다. 돈은 십 원 한 장 들지 않고도 본전의 수십 배로 뽑는 장사가 있으니, 이것이 바로 광(光)나는 칭찬이다.

남자는 아내의 칭찬을 먹고 살아간다. 아내 역시 남편의 칭찬을 먹고 살아간다. 남편이 아내를 어떻게 사랑하느냐에 따라서 Wife는 Life도 될 수 있고 Knife도 될 수 있다. 이 나이에 '무슨 칭찬을 해야 하는지'를 생각하는 것은 언제나 좋은 일이다. 언제 시작해도 늦은 법은 없다. 중요한 것은 시작한 후에 열심히 노력하는 것이 성공한 사람들의 공통점이라는 것이다.

그래서 나는 오늘도 아내가 입원 중인 병실로 가서, 내 입을 아내의 귀에다 가까이 대고 "당신이 이 병원에서 제일 예뻐." 하면서 엄지손가락을 치켜세웠다. 아내도 나와 같이 엄지손가락을 치켜세웠다. 우리는 서로 엄지손가락을 흔들면서 행복한 미소를 짓곤 한다. 이런 상황을 연출하려고 병원에 갈 때마다 칭찬이라는 광나는 말로 그녀를 기쁘게 만들려고 미리 준비해서 간다. 그 이유는 칭찬은 남편이 처방하는 가정상비약이라고 생각하기 때문이다.

행복한 하루는 반려자에 대한 다음과 같은 광나는 말 한마디로 시작될 수 있을 것 같다.
"당신은 전형적인 한국의 어머니처럼 보여요. 모든 어려움을 극복하며 일과 생활을 견고하게 이어나가는 모습을 보면 정말 감동받아요. 당신은 정말 훌륭한 배우자예요."

"여보, 당신이 식구들을 위해서 얼마나 애쓰고 있는지 알고 있어요. 정말 감사해요."

"사업하느라 바쁜 나 대신에 아이들을 잘 키워주고, 가정을 잘 다스려온 당신에게 작은 선물 하나 준비했어요."

"사랑하는 사람! 당신을 사랑해요! 당신은 최고예요. 여름에는 에어컨처럼 시원하게, 겨울에는 난로같이 따뜻한 사람이 되겠어요."

"당신이 우리 집에 시집오고 난 이후 우리 집이 확 폈어."

"당신 얼굴은 나이가 들어가면서 더욱 성숙해 보여! 매력적이야!"

"나는 몸매가 약간은 통통한 여자가 훨씬 좋아! 살 빼지마. 나는 당신의 지금 그대로가 좋아."

"참 멋지게 해냈어요. 그들은 그 사실을 알지 못해서 그런 거예요. 그것을 이해해 주세요. 속상해하지 말아요. 제가 알잖아요."

이 같은 한마디 칭찬은 부부간의 사랑을 더욱 익어가게 하는 불씨가 될 것이다.

§

태도가
인생을
만든다

나는 이마에 잔주름을 두어 개씩 얹고 소박한 음식점으로 모여드는 친구들이 좋다. 친구들과 오랜만에 만나면 그간의 회포와 시간의 간격을 메우기라도 하려는 듯 술판부터 벌리기가 일상이다. "카, 카" 하면서 몇 순배 돌아가게 된다.

그런데 이렇게 술잔이 돌아가는 와중에 종래 술을 무던히도 좋아하던 친구 순서가 되자 그는 "통과" 하며 양해를 구하는 것이었다. 하지만 술을 거절하는 녀석의 건강은 그닥 나빠 보이지 않았다. 내가, "너 요즘 술도 안 마시고 무슨 재미로 사냐?"라고 물었다. 그 친구는 "인마, 사는 재미는 술에만 있는 게 아니야."라고 말하며 궁금해하는 우리를 향해 이렇게 말했다.

"나도 얼마 전까지는 술을 많이 마셨어. 어느 날은 내가 술을 먹는 건지 술이 나를 먹는 건지, 이건 아니다 싶었지. 내가 나를 바꾸어야지 그렇지 않으면 안 될 것 같았어. 사실은 그래서 술을 절제하고 있는 중인데 비교적 잘 견디고 있는 편이야."

그러고 나서 하는 말이 "요즘은 내게 익숙한 것보다 익숙하지 않은 것에 대해 좋아하려고 노력하고 있어. 새로운 경험을 해보고 싶었어. 너희들도 그렇게 한번 해봐. 세상에는 즐겁고 새로운 세계가 너무나 많아. 세상을 다른 각도에서 한 번 더 바라봐. 이제 우리 나이 70대 중반에 이르렀으니 마주하고 있는 우리 삶에 대해 더 진지해야 한다고 생각해. 오늘 이 자리 끝나고 우리 집에 가자. 뭐 하나 보여 줄 것이 있어."

술자리가 끝나자 우리는 그 친구 집으로 향했다. 그는 집 지하방에 마련된 '그만을 위한 음악 공간'을 보여주었다. 드럼과 색소폰 등 다양한 악기가 있었고, 이곳은 그와 아내가 함께하는 기쁨의 공간이라고 말했다.

　그 친구는 삶에 대한 자신의 태도를 변화시킨 것이 얼마나 좋은지 얘기했다. 음악과 새로운 경험을 통해 '즐거운 인생'을 살고 있다는 것을 직접 확인한 것이다. 집에 돌아와서 내가 일 이외에 무엇에 열정을 품고 있는지를 깊이 생각했다. 그 당시에는 답을 찾을 수 없어 상당히 답답한 마음이었다. 그러나 그 기회를 통해 삶에 대한 나의 태도를 조금 더 진지하게 바꿔야겠다는 결심을 하게 되었다.

　변화관리 전문가인 구 본형 소장이 쓴 「익숙한 것과의 결별」이라는 책에는 평소 익숙하지 않은 것도 적극적으로 접해보는 태도가 변화의 출발점이라고 강조하고 있다. 이를 설명하기 위해 간단한 비유를 들고 있다.
　어느 날 나에게 뮤지컬이나 콘서트 티켓이 주어졌을 때, 동료나 친구에게 함께 가자고 권유해 보았다. 익숙하지 않은 분야이지만 좋은 기회라며 즐겁게 참여하겠다는 사람도 있었지만, 또 다른 사람은 "나는 내키지 않아. 그저 편안하게 소주나 한잔하는 것이 더 좋다."면서 거절했다. 후자의 태도는 문제가 있다. 항상 익숙한 일만 하고 익숙한 사람만 만나면 변화와 발전을 기대할 수 없기 때문이다.

진 대제 전 정보통신부 장관은 어느 날 아침 조찬회에서 태도의 중요성에 관해 아래와 같은 예를 들어 설명했다.

태도는 모든 것을 변화시킨다. 만일 A부터 Z까지 알파벳이 1부터 26과 같다고 한다면, 이를 이용하여 인생을 100%로 만들기 위한 작은 진리를 발견할 수 있다.

A = 1
B = 2
C = 3 ... Z = 26

그렇다면,
Hardwork(열심히 하는 것)
= 8 + 1 + 18 + 4 + 23 + 15 + 18 + 11
= 98%

Knowledge(지식)
= 11 + 14 + 15 + 23 + 12 + 5 + 4 + 7 + 5
= 96%

Love(사랑)
L + o + v + e
12 + 15 + 22 + 5 = 54%

Luck(행운)

L + u + c + k

12 + 21 + 3 + 11 = 47%

우리 대부분은 이것이 가장 중요한 것이라 생각하지 않는가?

(Don't most of us think this is the most important???)

그렇다면 무엇이 100%의 인생을 만드는 것인가?

Then what makes life 100%?

Is it money? No...(그것이 돈이라면? 아니다)

M + o + n + e + y

13 + 15 + 14 + 5 + 25 = 72

Leadership? ... No!!!(리더쉽? 아니다)

L + e + a + d + e + r + s + h + i + p

12 + 5 + 1 + 4 + 5 + 18 + 19 + 8 + 9 + 1 6= 97%

Fortune(운도 좋고 돈도 많음)

F + o + r + t + u + n + e

6 + 15 + 18 + 20 + 21 + 14 + 5 = 99%

모든 문제는 해답을 가지고 있고(Every problem has a solution)

단지 만약 우리가 아마도 태도를 변화한다면(only if we perhaps change our attitude)

정상으로 가기 위해, 그 인생의 100%를 위해(to get to the top, to that 100%)

미래를 위해 좀 더 우리가 진정 필요로 하는 것은...(What we really need to go further... a bit more...)

Attitude(태도)
A + t + t + i + t + u + d + e
1 + 20 + 20 + 9 + 20 + 21 + 4 + 5 = 100%

태도는 모든 것을 변화시킨다. 인생을 100%로 만들기 위한 작은 진실이 바로 여기에 있다.

(It is our attitude towards life and work that makes our life 100%!!!)

태도는 모든 것이다.(Attitude is everything)

태도를 바꾸면 당신의 삶도 변화한다.(Change your attitude..... and you change your life!!!)

Stress(스트레스)
S + t + r + e + s + s = 100%

Take a rest(휴식)
T + a + k + e + a + r + e + s + t = 100%
적당한 스트레스와 휴식도 행복한 삶의 필수 사항이겠지.

골프에서의 100점은 무엇일까? 그러면 어떤 것에 최선을 다 하겠는가.
Driver 76%
Approach 78%
Bunker 71%
Caddie 26%
Putter 100%

지금 우리 모두는 그 해답을 알았다.

무엇을 할 것인가 그것에 대해 올바른 자세를 가지고 내 삶과 진정으로 마주해 보자.

그것이 부끄럽고 좋지 못한 태도라면 지금 당장 바꿔보자.

삶에 대한 나의 태도가 바뀌었을 때 스스로를 변화시켰다는 짜릿한 성취감 뒤로 우리 앞에는 비로소 보석 같은 새로운 인생이 기다리고 있지 않을까?

행복한 노년을 위한 노후 생존 자금

최근 우리는 여든 살을 훌쩍 넘어서 살아가고 있다.

그런데 대부분이 여든 살 보다 훨씬 이전에 직장에서 밀려난다. '사오정, 오륙도'라고 일컬어지는 50세 전에 직장을 떠나야 하는 현실이 우리를 둘러싸고 있다. 게다가 55세 이상의 사람들 중 거의 60퍼센트에 가까운 사람들이 사실상 일자리를 놓고 있어서, 삶을 이어가기가 쉽지 않은 상황이다.

운이 좋아서 30년간 일하며 돈을 모은다고 해도, 은퇴 이후 25~35년 동안 일 없이 살아야 하기 때문에 상당한 고난이 기다리고 있다. 또한 일반적으로 30년간 매주 50시간 이상 일한 뒤에 은퇴하여서는 평상 수입의 20퍼센트도 못 되는 돈으로 생활해야 한다. 이에 더하여 초고령 사회에 진입해 감에 따라, 중·노년층의 노후 대비 고민은 더욱 깊어지고 있다.

불황으로 인해 공실이 늘어나고, 이자율이 낮아지면서 임대소득과 이자 수입이 줄어들고 있다. 또한 정부의 부동산 세제 개편으로 인해 부동산 소유자들은 세금 부담이 늘어나고 있어서, 경제적인 고통이 늘어나고 있다. 이러한 상황이다 보니 50대와 60대는 돈에 대한 갈망이 높다.

통계청 사회 조사 결과에 따르면 지난 10여 년간 노후 준비를 하고 있거나 되어 있다는 응답은 66~67% 내외 수준에서 큰 변동 없이 유지되고 있다. 그 나머지 1/3은 아직도 자식들이 있으니까 어떻게 되겠지, 또는 나라에서 노후 보장책을 마련해 주겠지 하는 기대로 대책 없이 노후를 맞는 사람들이 많다는 것을 보여주고 있다.

한국 사회 중·고령자들이 생각하는 노후 생활비 관련 2022년 기준 한국노년복지연구원 외 여러 기관이 분석한 결과는 65세 이상 노인들이 생각하는 최저 노후 생활비는 개인 기준 113.3만 원, 부부 기준 182.9만 원이고 적정 노후 생활비는 개인 기준 162.1만 원, 부부 기준 253.3만 원이다. 그리고 은퇴를 앞둔 중·고령자를 대상으로 한 본인의 은퇴 후 예상 생활비 조사 결과에 따르면, 개인 기준 159.9만 원, 부부 기준 256.8만 원 정도 필요하다고 응답하였다. 즉, 중·고령자들은 은퇴 후 생활 수준을 적정 수준은 아니지단 최저 수준보다는 높은 수준의 생활을 원하는 것이다.

찬란한 황혼처럼 아름답고 귀중한 생애의 한 부분을 잘 보내기 위해서는 노후를 대비하는 것이 가장 중요하다. 이를 위해 우리는 다양한 보험 상품들을 고려할 수 있다. 여기에는 나라 보험, 자식 보험, 이웃 보험, 자기 보험 등이 포함된다. 이러한 보험 상품들을 더 자세히 살펴보도록 하자.

우선 나라 보험을 살펴보면,
북유럽 국가인 스웨덴, 노르웨이 등은 국민이 은퇴하면 노후를 보낼 집은 물론이고, 치료까지 무료로 제공하는 등 나라 보험을 완벽하게 운영하고 있다. 그러나 이러한 혜택을 누리기 위해서는 젊은 시절부터 자기 소득의 40~80%를 세금으로 내야 한다. 엄청난 보험료를 평생 낸다고 해도 과언이 아니다. 따라서 이처럼 많은 세금을 지불해야 노후에 그에 상응하는 혜택을 받을 수 있다.

반면에 우리나라의 소득세율은 10~30% 정도로 낮은 편에 속한다. 그렇기 때문에 이는 노후를 위한 준비를 위해 충분하지 않을 수 있다. 따라서 우리는 세금을 지금의 배 이상 내지 않는 한, 나라로부터 큰 혜택을 기대하기 어렵다는 현실을 받아들여야 한다.

한편 자식 보험은 과거에는 부모들이 유교적 윤리를 바탕으로 자식에게 모든 것을 다 주고 자신의 노후를 자녀들에게 의뢰하는 보험을 의미했다. 그 당시에는 이러한 자식 보험이 효과가 있었다. 그러나 현재는 이러한 보험이 더 이상 효과가 없는 경우가 많다. 이는 자식들이 부모를 모시려 하지 않기 때문이다. 이제는 평생을 자식 보험에 투자해왔지만, 자식들로부터 보험금을 기대할 수 없는 세상이 되어 가고 있는 것이다.

몇 해 전의 통계에 따르면, 65세 이상의 노인 중 생활비를 자식들에게 받는 비율은 우리나라가 57%였다. 반면에 일본은 7%, 미국은 2%에 불과했다. 이러한 비교를 통해 우리의 젊은 세대들이 다른 나라에 비해 부모를 부양하는 문화가 지금은 상당히 좋다는 것을 알 수 있다.

그러나 다른 나라로부터 서구식 문화를 빨리 배워오는 경향이 있는 우리의 젊은이들을 생각해 보면 조만간 20% 수준 이하로 줄어들 것으로 예상된다. 오히려 일본이나 미국 수준까지 더 떨어질 가능성도 있다.

그리고 이웃 보험은 이웃끼리 서로 상부상조하는 보험을 의미한다. 과거와는 달리 이제는 자기 이웃이 누구인지 아는 사람이 별로 없기 때문에 이웃 보험에 의지할 수 있는 것은 아무것도 없다고 해도 과언이 아니다.

그렇다면 마지막으로 남은 것은 자기 보험인데, 이것은 자기 자신이 스스로 대비하는 보험을 말한다. 자기가 나이가 들어서 힘들어지고 자식들에게 외면당하게 될 때를 대비하여 미리 준비해야 한다. 이제는 자식에 대한 투자를 줄이고 자신의 노후를 위한 보험을 부지런히 들어야 한다.

자식들에게 조금 남겨줄 돈이 있다고 해도 필요할 때 조금씩 나누어 주는 것이 현명하다. 소낙비 사랑보다는 가랑비 사랑이 필요하다. 한 번에 모든 것을 다 주고 나면 더 이상 자식들이 찾아봐주지 않는 현실이 눈앞에 전개되고 있기 때문이다.

한편 우리나라 사람들은 자산 운용 면에서 금융 자산(17%)보다는 실물 자산 중심(83%)으로 자산을 운용하고 있다. 그러나 미국 등 선진국 사람들은 실물 자산 60%, 금융 자산

40%로 자산을 분배하는 경향이 있다. 이러한 차이를 고려해 볼 때 자산 배분 전략을 새롭게 짜봐야 할 때이다. 집이나 논, 텃밭을 담보로 하는 역모기지론도 적극적으로 고려해야 한다.

또한, 월급의 9%(사용자 부담 포함)를 보험료로 지불하면 60세 이후에 생애 평균 소득의 일정 비율을 지급받는 국민연금(이 외에 사적연금/주택연금)도 부지런히 들어야 한다. 그러나 최근 국민연금 자금이 고갈되어 문제가 있다는 뉴스가 심심찮게 흘러나오는 상황이다. 이에 따라 법의 개정이 어느 방향으로 흘러가는지 늘 주의 깊게 살펴봐야 한다.

나이가 들어가면 의료 검사 및 병원 치료 비용, 약물 처방, 치매, 장애, 만성 질환, 고독 등과 같은 만성 질환에 시달리기 쉽다. 이로 인해 많은 의료비가 불가피하게 발생할 수 있다. 이에 대비하여, 질병 상태가 심각할 때 고액의 치료비를 사망 전에 지급하는 다목적형 보장성 보험 가입도 적극적으로 고려해야 한다.

또한, 퇴직금, 예금, 저축성 보험, 부동산 운용, 주식 및 채권 등 여러 가지 대안들도 고려할 수 있다. 노후 생존 자금을 마련하기 위해서는 연구에 연구를 거듭하여 내 노후를 스스로 잘 돌봐야 할 때이다.

또한, '금융 착취'에 대해서도 특별한 주의가 필요하다. 금융 착취는 노인의 재산과 권리를 빼앗는 행위를 의미한다. 가족이나 지인 등 다른 사람이 당사자의 동의 없이 노인의 재산과 권리를 부적절하게 사용하여 직접적인 금전적 손해를 입히는 것을 말한다.

 금융 착취의 유형은 크게 네 가지로 나눌 수 있다. 먼저, 본인 동의 없이 임금, 연금, 임대료, 재산 등을 가로채는 경우가 있다. 둘째로, 본인 동의 없이 저축, 주식 등을 마음대로 처분하거나 사용하는 경우이다. 세 번째로, 본인 동의 없이 본인 명의의 은행 계좌에서 현금을 인출하여 사용하는 경우가 있다. 마지막으로, 본인 동의 없이 신용카드를 사용하거나 빌린 돈을 갚지 않는 경우이다.

 이러한 사례들은 노인이 눈치채지 못하는 사이에 재산 상실이나 금전적 손해를 입힐 수 있다. 따라서 노인들은 금융 사기나 착취에 대해 주의를 기울여야 한다. 생각지 못한 금전적 손실을 막기 위해서는 가족이나 지인들과의 소통이 필요하며, 금융 거래에 대한 정보를 주기적으로 확인하는 습관을 기르는 것이 중요하다.

 사례1
 기초 생활 수급비로 살아가고 있는 70대 A 씨는 몸이 불편해지면서 은행 방문이 어려워졌다. 그러자 아들 B 씨는 통장 관리와 현금 인출을 돕겠다고 나섰다. 어느 날 자동 이체 등록을 해둔 공과금이 연체됐다는 고지서가 날아왔다. 당황한

A 씨는 곧장 은행으로 달려갔다. 그의 기초 생활 수급비는 매달 아들 B 씨의 통장으로 자동 이체되고 있었다.

사례2

무릎 수술로 인해 거동이 불편해진 80대 C 씨는 혼자 살고 있어 간병인 서비스를 신청했다. 딸처럼 어려운 일도 마다 않고 정성껏 자신을 돌봐주는 간병인 D 씨가 고맙고 신뢰감이 높아지자, C 씨는 장 보기, 생활비 관리, 금융 기관 방문 등을 맡겼다. 자연스럽게 통장과 인감을 맡겼는데, 어느 날 C 씨의 자녀는 C 씨의 통장 잔고가 거의 남아 있지 않다는 것을 알게 됐다. 간병인 D 씨가 전 재산을 가져간 것이다. 하지만 D 씨는 "허락을 받고 정당하게 쓴 돈"이라며 잘못이 없다는 입장이다. 이리하여 아직도 양자 간에 다툼이 끝나지 않고 있는 상태다.

선진국에서는 노인 금융 착취에 대한 사회적·개인적 대책이 마련되어 있지만, 우리나라에서는 아직 금융 착취에 대한 조사나 대응 방안이 제대로 마련되지 않고 있는 현실이다. 그러므로 자신의 재산과 권리를 지키기 위해서는 자기 스스로 특별한 관심을 가져야 한다.

뭐니 뭐니 해도 윤기 나는 노년을 보내려면 제 2의 인생을 아름답게 시작해야 한다. 실제로 고령화 사회의 근본 문제는

'연금 등 노후 생존 자금'이 아니라 중·노년층의 아이덴티티(Identity)이다. 자신의 사회적 존재를 확인할 방법을 찾아야 한다.

  어떤 분은 퇴직 후에 자신의 전공을 살려 자원봉사를 하며 아름다운 노년을 꽃피우고 있다. 또한 어떤 분은 60대 후반에 신학을 공부하여 선교사가 되어 아무도 찾지 않는 곳에서 복음을 전파하고 있다. 공직 후배 중 한 분은 좋은 영어 실력을 바탕으로 한국국제협력단(KOICA:Korea International Cooperation Agency) 자금으로 개발도상국의 경제 장관 자문관으로 일하고 있으며, 아내와 함께 일하면서 여행을 즐기며 좋은 추억을 만들고 있다. 한마디로 윤기 나는 삶을 살고 있는 것이다. 이러한 윤기 나는 중·노년을 보내려면 나의 재산과 권리를 잘 관리하고 더 늦기 전에 새로운 치즈를 찾는 노력을 경주해야 한다. 노년기에 먹을 치즈가 없다면 어떻게 윤기나게 살아갈 수 있을까?

당신을 살리는 열쇠

세상에서 올바르고 선량하게 살아야 한다는 결심을 하게 되는 이유는 무엇일까?

 그 이유는 바로 세상에는 비밀이 없기 때문이다.

 어느 친구가 나에게 A 씨(22세 여성)를 인천 소재의 관세사무소 경리로 취업시키는 데 도움을 요청했다. 그녀는 기업체에서 1년간 품질 관리를 하고, 관세사무소에서 1년간 경리 업무를 맡았으며, 또 다른 곳에서는 6개월간 단순 사무 보조를 했다. 그녀가 이전에 근무했던 관세사무소는 인천 서구 가좌동에 위치해 있었다.

 인천 지역의 관세사무소는 주로 인천 중구 신흥동(동인천), 숭의동, 가좌동, 인천공항, 운서동 등 특정 지역에 집중돼 있었다. 여러 인천 소재 관세사무소에 취업을 시도했지만, 이전 직장에서 A 씨가 경리 일 끝마무리를 말끔하게 잘 하지 못해 인천 지역의 동료들 사이에 나쁜 평판이 퍼져 어디에서도 채용해 주지 않으려 했다.

 그래서 마지막 수단으로 인천 이외의 다른 지역에 있는 관세사무소를 찾아보게 되었다. 서울 지역에 있는 한 관세사무소에 소개했으나, 그곳의 대표는 A 씨가 전에 근무했던 회사의 대표와 친분이 있어 채용이 불발되었다.

 A 씨의 재취업 실패는 전 직장에서 끝마무리를 잘 못한 것이 결정타였다. 특히 뒷정리는 꼼꼼하고 철저하게 해주는 것이 중요하다는 점을 다시 한번 깨닫게 되었다.

내가 30여 년간의 공직 생활을 마치고 회사에 취업할 때를 회상해 본다. 나는 평생 관세 업무가 주된 일이었고 국제 통상 및 보험 업무를 약간 경험한 것이 내 이력의 전부였다. 주변 사람들의 도움으로 내 경력과는 동떨어진 신용 평가 및 정보 업무를 하는 한국신용평가정보(주)의 사장으로 추천되었고, 사장 추천 위원회의 의결을 거쳐 사장으로 취임했다.

취임한 후 6개월이 지난 어느 날, 회장과 함께 술자리를 가지게 된 기회가 있었다. 대화가 이어지던 중에 회장이 나에게 말했다. "박 사장님을 우리 회사에 모시기 전에 박 사장께서 공무원 시절 함께 일한 바 있는 세 분께서 박 사장님 평판에 대해 자세히 이야기해 주었어요. 그 세 분 모두 박 사장을 모시면 우리 회사에 홍복이라고 말했어요." 나는 그 말을 듣고 깜짝 놀랐다. 물론 회장은 그 세 분이 나에 대해 좋은 이야기를 해 주었다고 했지만, 어떤 내용으로 평가를 했는지 궁금하고 두렵기도 했다.

성공 신화를 쓴 온라인 거래 사이트 하나를 소개한다.

피에르 오비디 야르는 이란계 미국인으로, 실리콘 밸리에서 프로그래머로 일하던 중에 사탕 상자를 수집하는 여자 친구의 부탁으로 인터넷에 사탕 상자를 판매하는 광고를 올렸다. 그러나 이 광고는 예상을 뛰어넘는 반응을 얻었고, 이를 계기로 온라인 경매 사이트에 대한 아이디어를 얻게 되었다. 이를 바탕으로 1996년에 구매자와 판매자를 연결해 주는 온라인 경매 사이트인 옥션 웹(현재의 이베이)을 창업했다.

그러나 이용자 수가 증가함에 따라 판매자와 구매자 간의 불만이 증가했다. 서로 모르는 사람들 간에 구매자는 판매자가 써놓은 글만 보고 또 판매자는 자신의 소중한 물건을 누군지 모르는 사람에게 보내야 했다. 상대방을 모르는 상태에서 거래를 하다 보니, 사기나 불만 사항이 늘어나게 되었다. 이러한 문제를 해결하기 위해 오비디 야르는 거래 상대방에 대한 평판 시스템을 도입했다. 이 시스템은 거래 상대방에 대한 긍정적, 부정적, 중립적인 평가를 가능하게 하여 이용자들의 선택의 폭을 넓혀 불만을 크게 줄였다. 이후에는 부정적인 평가를 받은 사람들과의 거래는 거의 이뤄지지 않았다. 평판 시스템이 도입된 이후 이베이는 폭발적인 성장을 이루었다.

우리는 사회의 일원으로 삶을 살아가면서 평판의 영향을 피할 수 없다. 우리의 삶은 요람부터 무덤까지 이러한 평판의 굴레 안에서 형성된다. 우리는 어항 안에 사는 생물과 같다. 모든 것이 드러나고, 모든 것이 관찰된다. 평판은 우리가 어떻게 여겨지는지를 결정하며, 이는 상상을 초월하는 강력한 힘을 지니고 있다. 평판의 영향력은 우리의 삶의 방향을 크게 좌우할 수 있다. 그것은 때로는 우리의 앞길을 가로막을 수도 있고, 때로는 이전에 봉쇄되었던 길을 열어 줄 수도 있다. 우리의 특성이나 노력은 종종 우리의 평판에 의해 가려지기도 한다. 즉, 작은 특징이 우리의 전체 이미지를 형성할 수 있다.

그러므로 우리는 항상 우리의 행동과 말에 주의를 기울여야 한다. 우리의 행동이나 말에 따라 우리의 평판이 결정되기 때문이다. 평판의 영향력을 이해하고 존중함으로써, 우리는 보다 긍정적이고 건강한 관계를 형성할 수 있을 뿐 아니라 더 나은 삶을 살아갈 수 있다.

우리 각자는 어떤 평판을 갖기를 원하는가.
자신이 원하는 평판을 구체적인 모습으로 딱 한 줄로만 요약해 보자.
예컨대,
인간관계가 아름다운 사람
항상 배우고 성장하는 존재로 기억되길 바라는 사람
타인의 의견을 소중히 받아들이는 사람
다정하고 따뜻한 소통을 중요시하는 사람
신뢰와 존중을 바탕으로 유익한 피드백을 주는 사람
창의적으로 새로운 일을 처리하며 늘 업무에 최선을 다하는 사람
문제 해결에 능숙하며 책임감 있게 일을 수행하는 사람
뛰어난 숫자 능력과 데이터 분석 능력을 가진 사람
일에는 냉정하지만 직원을 인간적인 면에서 잘 관리하는 사람
우수한 영어 실력으로 해외 업무를 원활히 수행하는 사람
등 여러 가지가 있을 수 있다.

내가 원하는 평판을 얻는 것은 결코 쉬운 일이 아니다. 비록 평판은 타인에 의해 형성되지만, 나 자신이 취하는 행동에 따라 좋은 평판을 얻을 수 있다. 따라서 평판은 지속적으로 관리되어야 한다. 일부 사람들은 계획적인 평판 형성이 인위적이라고 생각하지만, 그들은 평판의 힘을 이해하지 못한 것이다. 때로는 간결하고 강력한 평판 한 마디가 거의 완벽한 이력서보다 더욱 중요한 평가 요소가 될 수 있다.

보통 평판 평가는 인간관계, 리더십, 커뮤니케이션, 조직 적응력, 업무 스타일, 사생활, 그리고 능력 등 다양한 측면을 종합적으로 고려한다. 이를 위해 주로 과거 직속 상사, 동료, 그리고 부하 직원 등 다양한 관계자들을 통해 일종의 '360°' 점검을 실시한다. 상사는 주로 업무 수행 능력을, 동료들은 팀워크와 인격적인 측면을, 부하 직원은 리더십 등을 평가 대상으로 삼는다.

평판 조사는 종종 직장인들의 '내신'으로 여겨져 재취업에 있어서 결정적인 요소 중 하나로 여겨진다. 따라서 '평판 조사'에 대비하기 위해서 어떻게 자신의 평판을 관리해야 할지 고민해야 한다. 자신에 대한 평판을 인식하고, 자가 평가를 위한 체크리스트를 만들어 스스로를 되돌아보며 부족한 점을 개선해야 한다.

우리는 다른 사람을 평가해야 할 필요가 있는 세상에 살고 있다. 이는 의도적이든 아니든 사실이다. 그러나 이는 역으로 개인도 누군가에게 항상 평가를 받고 있다는 것을 의미한다. 내가 다른 사람을 평가할 수 있지만, 동시에 누군가도 나를 평가하고 있는 것이다. 다만 그 평가를 드러내지 않을 뿐이다.

사람들과 함께 살면서 자신의 기준으로 남을 평가하는 것은 바람직하지 않다. 가볍게 내뱉은 말로 인해 불미스러운 일이 생길 수 있기 때문이다.
"남의 험담은 아무도 없는 집에서 해라!"라는 속담은 발 없는 말이 천리 간다는 것을 시사한다.

나는 추천할 만한 사람이라면 그 사람의 장점을 부각시켜 이야기하고, 단점은 최소화하는 경향이 있다. 그러나 반대로 나는 추천할 만한 사람이 아니라고 판단된다면 간단히 잘 모르겠다고 말하고 그 사람의 장단점에 대해서는 일체 언급하지 않는다.

다른 사람이 나에 대해 물었을 때 망설임 없이 나오는 호의적인 한 마디는 당신을 살리는 힘이 될 수 있다. 평판은 마치 '다른 사람들이 대신 써주는 자기소개서'와 같다. 그러므로 평판은 유리잔처럼 소중하고 신중하게 다뤄야 한다.
워런 버핏은 이를 다음과 같이 말했다.
"평판을 쌓는 데 20년이 걸리지만, 무너지는 데는 단 5분이면 가능하다."

원망과 질시로
태어난
세금의 역사

오래전, 맹자의 공손추(恭懇鑄) 하편에 따르면 세금은 무엇보다도 물물교환의 최종 단계에서 비로소 생겨났다. 초기 물물교환의 시기에는 거래의 부정을 단속하면서도 세금을 걷지 않았다. 그러나 어느 한 사람이 농단(壟端·높이 솟은 언덕)에 자리 잡고는 시장의 교역 내용을 한눈에 파악한 다음 재빠르게 솜씨를 발휘해 시리(市利)를 독점했다. 이에 분노한 사람들은 그의 수익 중 일부를 추징하도록 관리에게 요구했고, 이것이 세금을 받게 된 원초적 계기가 되었다.

그러나 세금이라는 한자의 '구실 세(稅)'자는 원래 '벼 화(禾)'변과 '기뻐할 태(兌)'자로 이루어진 형태 문자이다. 이는 풍년을 축하하며 기쁨으로 하늘에 제사를 지내는 깊은 뜻이 담겨 있었으나 이것이 곡식으로 나라에 바치는 조세로 변화되었다. 이러한 변화로 인해 기쁨으로 납부하던 세금이 점차 질시와 원망의 대상이 되어 가고 있는 실정이다.

세금들이 질시와 원망의 영향으로 탄생한 몇 가지 사례를 살펴보기로 하자.

1912년 타이타닉 호 사건은 2208명의 승객 중 1513명이 사망하고, 살아남은 사람들 중에는 대부분이 1등석에 있던 부자들이었다. 이로 인해 "떼죽음의 바다에서 부자들은 어떻게 살아왔나? 그들에게 세금을 매겨라!"는 요구가 빗발쳤다.

이러한 요구에 대응하기 위해 미국 연방 정부는 바로 다음 해인 1913년에 제16차 수정 헌법을 통해 새로운 세금 제도를 도입했는데, 이것이 바로 현대적인 소득세의 기원이다. 현대적 의미의 소득세는 그렇게 질시와 원망 속에서 탄생하였다.

또한, 일부 사람들은 이러한 질시와 원망을 회피하기 위해 노력했다. 예를 들어, 록펠러는 록펠러 재단을 설립하고, 철강 왕 카네기와 자동차 왕 포드도 재단을 만들어 하늘을 찌르는 부자들에 대한 비난을 일정 부분 회피했다. 워런 버핏도 역사적인 기부로 이름을 날렸지만, 그의 자선과 기부는 다락같은 소득세와 상속세를 회피하기 위하여 활용되어 왔다는 것은 주지의 사실이다.

지하 경제로 내려가 보면 탈세와 재산 해외 반출 등 더 복잡한 양상을 띠게 된다. 예를 들어, 미국에서는 케네디 대통령의 부친인 조셉 케네디가 재산을 피지(정식 명칭은 '피지 공화국'<Fiji Republic>)로 이전하고 증여세를 회피한 사례가 비난을 받았다. 그의 아들인 에드워드 케네디가 상속세 폐지 반대를 주장했다는 것은 이에 대한 아이러니한 사례이다.

세금이 우리의 삶에 미치는 영향은 상당히 크다.
세금이 시장에 어떤 영향을 미치는지 살펴보면, 1688년 영국 조세당국이 아궁이세(Hearth tax)를 부과하자 사람들이 세금을 피하기 위해 아궁이를 없애는 현상이 발생했다. 대신 윌리엄 3세는 창문세(Window tax)를 도입하여 창문 개수에 따라 세금을 부과했다. 이 세금 때문에 사람들은 창문을 막아버리는 현상이 발생했고, 이로 인해 영국에는 창문이 없는 건물이 여전히 남아있는 것으로 알려져 있다. 이러한 변화로 인해 햇빛을 받지 못하게 되어 우울증에 걸리는 사람들이 늘어난다는 우스운 이야기도 전해지고 있다.

프랑스에도 창문세가 있었는데, 이는 창문의 개수가 아니라 창문의 폭에 따라 세금이 부과되어 창문이 좁고 길다란 형태로 만들어졌다고 한다.

1990년 미국의 부시 행정부는 걸프전에 따른 재정적 문제를 해결하기 위해 '사치세(Luxury tax)'를 도입했다. 이 세금은 고급 선박, 개인 비행기, 모피, 보석 등에 10%의 세금을 부과하여 약 5억 달러의 세입을 기대했으나 3,000만 달러에 그쳤다. 정부가 사치세를 도입하자 예상치 못한 경기 위축 현상이 나타났다. 선박 산업에서는 1만 9,000명이 일자리를 잃었으며, 항공, 의류, 귀금속 산업도 유사한 타격을 입었다.

1703년에는 피터대제가 유럽에서 가장 가까운 네바다 항구에 새로운 도시, 상트페테르부르크를 건설하기 시작했다. 이는 뒤처진 러시아를 발전시키기 위해 유럽의 문화를 수용해야 한다는 필요성에서 비롯된 결정이었다. 1712년에 건설이 완료되어 수도를 모스크바에서 상트페테르부르크로 옮겼다.

이때 새로운 문화를 받아들이려는 노력의 일환으로 귀족들의 옷소매를 짧게 자르고 긴 수염을 깎도록 했다. 슬라브인들은 긴 수염은 하나님이 주신 것이라고 주장하며 반대했지만, 이러한 반대를 잠재우기 위하여 몇몇 귀족들과 자신의 아들까지도 처벌하기까지 했다. 하지만 성과가 나오지 않자, 수염을 길게 하는 대신 수염세를 받기 시작하였다. 세금 내기 싫어하는 러시아인들이 수염을 깎기 시작하였다고 한다.

한 부인의 이야기가 있다. 11세기 영국 머시아의 영주 리아프릭 백작은 가렴주구로 악명이 높았던 인물이었다. 그의 부인인 고디이바는 세금 부담이 심한 주민들을 위해 남편에게 가볍게 세금을 낮추라고 요청했지만, 백작은 이를 거부했다.
오히려 지체 높은 백작의 부인이라면 절대로 들어주지 않을 요구 조건을 내걸었다. "대낮에 알몸으로 말을 타고 코번트리 시내를 한 바퀴 돌면 주민들의 세금을 낮춰주겠다."라고 하였다. 그런데 놀랍게도 고디이바는 옷을 벗은 채 말을 타는 일을 조금도 주저하지 않았다. 영주의 '세금폭탄'에 부인이 알몸으로 맞선 것이다. 고디이바 부인의 이야기는 '피핑톰'(Peeping Tom : 관음증)이라는 영어 숙어에 묻어 전해온다.

우리나라에서 가장 많은 비판을 받아온 세금 중 하나는 부동산 관련 세금이다. 이는 부동산 가격 상승과 관련된 이슈가 계속해서 논의되고 있으며, 부동산 시장의 과열에 따른 집값 상승으로 국민들이 집을 구하기 어렵다고 느끼기 때문이다. 이러한 상황에서 부동산 관련 세금 중 특히, 양도 소득세와 종합 부동산세, 부동산 보유세 등에 대한 비판이 끊임없이 제기되어 왔다.

그중에서도 종합 부동산세를 둘러싼 논란이 사그라들지 않은 적이 있었다. 종합 부동산세는 주택이나 토지를 유형별로 구분하여 개별적으로 공시 가격을 합산한 후, 그 결과가 일정 기준을 초과하면 초과분에 대해 과세하는 세금이다. 즉, 주택이나 토지의 가치가 특정 기준을 넘어설 경우 그 초과분에 대해 세금을 부과하는 것으로, 다주택자의 부동산 투기를 억제하고 집값을 안정시키려는 취지를 갖고 있다.

2019년부터 2021년까지는 종합 부동산세가 강화되었던 시기였다. 그러나 이 기간 동안 전국 아파트 매매가격은 20.2% 상승하여 집값이 폭등했다. 또한, 동일 기간에는 3주택 이상을 보유한 다주택자의 수도 증가했다. 그러나 2023년부터 다행히도 집값 상승세가 완화되기 시작했다. 이것이 종합 부동산세의 영향인지에 대한 의문이 제기되었는데, 실제로는 고금리 기조의 금융 정책이 시작된 2023년부터 집값이 완화된 것으로 설명되었다. 집값이 높아지고 금리가 상승하면서 대출 상환 부담 등이 늘어나면서 집 수요가 줄어들어 집값 상승세가 점차 완화된 것이다.

세금에 대한 비판은 국가의 재정 정책, 정치적 이슈, 경제 상황, 그리고 국민의 다양한 요구와 관련이 있다. 따라서 세금 제도와 정책은 항상 논란의 중심에 설 수밖에 없다.

헌법은 문서가 아니라 정신이기 때문에 헌 법, 즉 오래된 법이어야 하고, 세법은 새 법, 즉 시대와 환경의 변화에 부응하여 새로운 세법으로 거듭나야 한다. 따라서 우리나라에 현존하는 31개 세법들을 하나하나 잘 살펴보아 과중한 세금이 없는지, 시대에 뒤떨어지는 것은 없는지 등을 면밀히 검토하여 시대와 환경의 변화에 부응하여 필요시 과감히 개선해야 할 것이다. 만약 특정 계층에 대한 '증오세'라는 오명을 듣는 세금이 있다면, 그 세금이 세(稅) 자의 어원과 너무 멀지 않은지 고디이바 부인의 애민(愛民) 정신으로 조세 정책을 면밀히 재검토해 보아야 한다.

행복,
그 길 위에서

당신의 삶은 어떤 순간들로 채워져 있는가

어느 날 저녁, C 교수, P 변호사, 그리고 J 사장이 함께 저녁 식사를 하고 있었다. 이런저런 대화가 무르익어 갈 즈음,
 내가 "세 분은 어느 때가 가장 행복 하신지요?"하고 물었다.

 C 교수가 가장 먼저 말문을 열었다.
 "저는 매일 아침 국내외 신문 몇 개를 들고 집 근처 분위기 있는 커피집으로 향합니다. 향기 그득한 커피를 앞에 놓고 이 신문 저 신문으로 세상사를 살펴봅니다. 그중에서 사설을 주의 깊게 읽어요. 그러다 보면 한두 시간이 후딱 지나갑니다. 그 시간이 제일 행복해요."

 P 변호사가 말을 이어갔다.
 "제 가족은 책 읽기를 좋아해서 일 년에 5~6차례 독서여행을 떠납니다. 여행을 떠나기 전 가족 4명은 각자 읽을 책 10여 권을 준비해서 번잡한 곳을 피해 갑니다. 그곳에서 4~5일 동안 책 읽기에 푹 빠집니다. 물론 가끔 산책도 하지요. 그리고 식사할 때 읽은 책에 대해 대화를 합니다. 그 시간이 전 제일 행복합니다."

 J 사장은
 "저는 멍때리는 시간이 제일 행복합니다."
 무슨 뜻인지 몰라 의아해 하는 우리를 보고 '멍때리기'는 그저 멍하니 앉아 명상에 잠기는 때라고 하며,

"우리 부부는 일 년에 두서너 번 절에서 템플스테이를 합니다. 세상 일 모두 잊고 명상에 잠기기도 하고 조용히 걷기도 합니다. 숲 내음, 바람 소리 맞으며 나를 가장 편안하게 쉬도록 합니다. 그 시간이 얼마나 행복한지……"

그러면서 J 사장은 자기 친구의 딸 얘기를 덧붙였다.
"최근 제 친구의 40대 초반인 딸이 암으로 이승을 떠났습니다. 아버지가 유품을 정리하며 일기장에서 발견된 그녀의 버킷리스트 중 '불쌍한 이웃 1억 돕기'라고 적혀 있더랍니다. 자신도 그리 넉넉하지 않으면서 지난 16년 동안 한센병 환자와 돈 없어 수술 못 받는 어린이 환자들을 위해 수백 만 원씩 정기적으로 기부해 왔다고 합니다.
살아생전에 그녀는 '한 시간 동안 행복해지고 싶다면 낮잠을 자라…… 중략…… 평생 행복해지고 싶다면 누군가를 도와줘라.'는 중국의 격언을 가끔 입에 올렸다 합니다. 모르긴 해도 그녀는 이웃을 돕는 일을 하며 행복했을 겁니다."

이 세 분의 이야기를 종합하면 각자가 좋아하는 일에 푹 빠져 있을 때가 가장 행복하다는 결론에 다다른다.

이제 내 행복을 밝힐 차례였다.
"저는 둘레길을 걸을 때가 제일 행복합니다. 처음에는 제 집에서 가까운 한강 둔치를 운동 삼아 매일 아침 걸었습니다.

그러나 몇 년 걷다 보니 싫증이 났습니다. 그래서 눈을 바깥으로 돌렸습니다. 지자체의 노력으로 각 지역에서는 자연환경을 활용해 둘레길을 많이 만들어 두었습니다. 둘레길 이름도 멋졌습니다. 외씨버선 길, 치유의 숲길, 모퉁이 길, 용마루 길... 저는 주말마다 둘레길을 찾아 나섰습니다. 서울을 떠나 공주로, 공주를 떠나 남원으로, 이 골짜기에서 저 산으로......

 물론 운동 삼아 나선 길이었지요. 그런데 둘레길 여행이 늘어날수록 운동한다는 생각은 어디론가 사라지고 나를 온전히 자연에 내맡기는 시간이 되어버렸습니다.

 걷기를 시작하면 얼마 동안은 이런저런 잡다한 생각이 나를 괴롭힙니다. 그러다 시간이 지나면 어느새 근심 걱정이 사라지고 자연과 내가 하나가 됩니다. 나는 그저 구름에 달 가듯 걷고 또 걷습니다. 이런 때야말로 행복했습니다.

 둘레길 여행 중에 특별한 기쁨을 느끼는 행복한 만남이 있었습니다.

 어느 여름날, 인적이 드문 박달재 휴양림을 걸어 올라가던 중 머리가 희끗희끗한 한 부부를 만났습니다. 그 부부는 큰 소나무 그늘이 드리운 길 위에 접이식 작은 상을 가운데 놓고 마주 앉아 꽃잎 차를 음미하며 오순도순 대화를 나누고 있었습니다. 마치 신선놀음하는 것 같은 모습이었습니다.

 너무나 멋진 풍경이었습니다. 이 부부는 마음도 넉넉해서 길손인 나한테까지 차를 한 잔 건넸습니다.

낙동강 비경길도 행복을 준 여행 중의 하나였습니다.

둘레길을 걸을 때에는 미리 꼼꼼히 준비하고 떠납니다. 그러나 때로는 어디로 갈 것인지 아무 계획 없이 무작정 떠나기도 했습니다. 낙동강 비경길이 그러했습니다.

그날은 아무 정보도 없이 무작정 봉화로 달려갔습니다. 관광 안내서 한 장 구하기조차 쉽지 않았습니다. 그러나 운 좋게 만난 친절한 아저씨가 낙동강 비경길을 걸어보라고 권유해 주었습니다. 도착한 길은 초입부터 깜짝 놀랐습니다. 굽이쳐 흐르는 강물은 에메랄드빛 그 자체였습니다.

그 강변을 끼고 병풍을 두른 듯이 서 있는 가파른 바위산에는 소나무들이 쭉쭉 뻗어 있어 그 웅장함은 실로 대단했습니다. 맑은 물, 상쾌한 공기, 밝은 햇살, 드높은 하늘, 구불구불 이어진 오솔길이 어울려 한 폭의 그림 같았습니다. 그 위로 협곡 열차가 달려 신비함이 더 했습니다. 살면서 직접 본 풍경 중 가장 아름다웠던 곳입니다. 다시 가고 싶은 곳이지만, 이제 나이가 들어가면서 계획 없이 떠나는 일은 삼가려 합니다."

건강이 허락하는 한 둘레길 여행은 계속될 것이다. 내 행복을 찾아 떠나는 길이기 때문이다.

영월 김삿갓(김 병연) 계곡에는 그의 시비(詩碑)들이 죽

늘어서 사람들을 맞이한다. 나는 영월에 다녀온 후로 그의 일탈된 삶이 부러워 조금이라도 그의 삶을 닮아보고 싶었다. 그래서 배낭을 메고 스틱을 죽장 삼아 주말에 집을 나서는지도 모른다. 나는 둘레길을 걸으며 머릿속에 입력된 시를 하나씩 꺼내어 중얼거린다. 그중에서 자주 읊는 시는 김삿갓의 시다.

주막에서

**천리 길을 지팡이 하나에 맡겼으니
남은 엽전 일곱 푼도 오히려 많아라
주머니 속 깊이 있으라고 다짐했건만
석양 주막에서 술을 보았으니 내 어찌하랴**

행복 찾아 떠나는 길은 사람마다 다 다르지만 그 가는 길마다 자기가 하기 나름으로 행복은 아름답게 태어난다. 나만의 시각으로 아름다운 것을 발견하고 건져 올릴 때 삶은 풍요로워진다. 우리는 아름다운 것을 아름답게 느낄 수 있을 때 행복한 존재이기 때문이다.

늦여름이 가고 가을이 밀려오는 풍경은 우리가 해마다 목격하는 가장 아름다운 장면 중 하나다. 만추의 그 아름다운 풍경을 가슴으로 맞이해야겠다.

가슴에
사무치는
뼈아픈 후회

"만약 지금 알고 있는 것을 그때도 알았더라면…"
언젠가 류 시화의 시집에 실린 이 문구를 읽은 적이 있다. 삶을 돌이켜보면 후회 없이 살아온 사람은 드물 것이다. 나 자신이 걸어온 길을 되돌아보면서 아쉬움과 후회가 떠오르는 것은 누구나 겪는 일이다.

나에게도 가슴에 사무치는 뼈아픈 후회가 몇 가지 있다.

"내 아버지와 어머니도 위로와 사랑을 받는 것을 좋아하셨다는 것을 미리 알았더라면…"
"아내에게 절대 미안할 짓을 하지 말아야 한다는 것을 더 일찍 깨달았다면…"
"마음을 다치게 하는 상처가 몸을 다치게 하는 것보다 훨씬 오래 남는다는 것을 더 빨리 이해했다면…"

이런 후회는 알면서도 행동하지 못했던 것들이다. 이런 것들이 가장 마음을 아프게 한다.

아버지를 마지막으로 본 지 벌써 9년이 흘렀다. 예전에 아버지가 공직을 퇴임하고 나서 작은 사업을 운영하셨던 모습을 생각해 본다. 큰 수술을 받으신 뒤에도 어머니의 만류에도 불구하고 사업장으로 힘겨운 발걸음을 내딛던 당신의 뒷모습이 내 가슴을 아리게 한다. 그때는 아버지이니까 그러려니

했다. 사업을 이어나가려고 했던 그 모습이 아직도 생생하게 기억된다. 그 당시에는 그것이 당연한 일로 여겨졌지만, 이제는 내 자식을 키우고 공부시켜보니 여섯 자식 때문에 당신의 어깨를 짓눌렀을 인생의 무게를 지금에야 흠뻑 느끼게 된다.

가정을 책임감 있게 지키는 든든한 가장이었던 것을 그때 알았더라면, 아마도 더 많은 말과 행동으로 사랑과 감사를 표현했을 것이다. 힘든 시기에는 "힘드시죠? 힘내세요. 감사해요. 사랑해요." 같은 말들을 자주 해 드리며 당신을 더 위로하고 격려했을 것이다.

아버지에게 더 많은 손길과 위로가 필요했을 텐데 특히, 병상에 누워 계실 때는 온 마음을 다해 정성스럽게 마사지 해주고 힘든 마음을 더 편안하게 해드렸을 것이다. 또한, 둘째 아들로서 아버지에게 더 큰 기쁨을 주고자 노력했을 것이다. 「부모님 살아계실 때 꼭 해드려야 할 45가지」라는 책을 읽으며 한 번씩 전부 다 해보자고 다짐했었다. 하지만 알면서도 행하지 못한 나의 불충에 가슴이 아프고, 이제 와서야 깨닫는 아쉬움이 더해진다.

어머니를 못 만난 지 벌써 3년이 지났다.
어머니가 돌아가신 후 얼마 되지 않아 공원 산책을 하다가 휠체어를 밀고 오는 사람과 마주쳤다. 그 휠체어에 앉은 어르신은 병색이 짙으셨고, 젊은이가 휠체어를 밀고 있었다. 그 순간 내 심장은 쿵 하고 멈추는 것 같았다. 왜 나는 이렇게 휠체어에 어머니를 태워서 함께 산책을 하지 않았는지, 왜 그런 생각을 못 했는지에 대한 자책으로 그 밤을 잠 못 이루며 보냈다.

왜 한 번도 어머니를 모셔서 음악회나 연극을 보지 못했는지, 왜 어머니에게 "사랑해요, 감사해요!" 같은 말을 전하지 못했는지에 대한 후회와 아쉬움이 가득했다. 어머니가 떠나신 후에야 얼마나 많은 것을 함께하고 싶었는지를 깨달았다. 이제 와서야 함께 하고 싶은 것들이 너무나 많아서 가슴이 시리다.

최근에 나는 아내에게 죄인이 된 마음으로 가슴 앓이를 하고 있다.

어느 날 아내는 "며칠 전에 노상에서 사 입은 티셔츠를 입고 여고 동창 모임에 갔더니 그 티셔츠가 너무 예쁘다고 하면서 어느 백화점에서 샀는지 물어보더라."라고 전하면서 살짝 미소를 지었다. 내가 그 말을 듣는 순간 경제적으로 풍족하게 자란 아내가 거리낌 없이 노상에서 티셔츠를 사 입는다는 놀라움과 미안함이 교차하여 내 마음을 토닥거리기가 어려웠던 때가 있었다. 공직에 종사하는 남편의 박봉에 시달리다 보니 변변한 옷 한 벌 사서 입기도 힘들었을 것이다.

이에 더하여 나는 바깥일 한다는 이유로 아이들 육아나 교육은 아내 차지였다. 공직 생활할 때는 일에 지쳐, 회사 생활할 때는 실적에 눈이 멀어 나 몰라라 했다. 긴 세월 동안 아내와 아이들에게 무관심했던 내가 부끄럽고 미안하여 고개가 숙여진다.

 내가 아내와 애들에게 조금이라도 관심을 가졌다면 그 무거운 짐을 아내 혼자 지고 가게 하지는 않았을 텐데...

 이제 와서 "제대로 된 당신의 남편과 아빠가 되어 줄게요." 라고 말하고 싶으나 불행히도 그 사이 아내는 큰 병을 얻어 긴 세월 병석에서 지내 왔고, 아이들은 40대 중후반의 성년이 되었으니.....

 특히, 아내가 병석에 있다 보니 그렇게 하지 못한 아쉬움과 미안한 마음이 내 가슴을 더욱 아프게 한다.

 나는 과묵하고 화를 잘 안 내는 편이다. 그러나 아주 드물게 울컥하여 화를 불같이 낼 때가 있다. 관세청에 근무할 때였다. 어느 과장이 나한테 보고도 없이 내 상관에게 먼저 보고한 것을 알게 되었다. 그때 그 과장이 나를 무시한다고 생각하며 전후좌우 사정을 들어보지도 않고 폭언을 하면서 청사가 떠나갈 듯이 고래고래 소리를 질렀다. 지금 와 생각해 보니 그때 꾹 참았어야 했는데... 나의 인격 수양 부족으로 그 과장에게 큰 마음의 상처를 주게 되었다. 두고두고 후회가 된다.

이 사건 이외에도 살아오면서 다른 사람에게 험담하거나 무시하거나 자존심에 상처 주는 일이 있었을 것이다. 겉으로 보이는 상처는 치료가 가능하고 치유도 빠를지 모르지만, 마음의 상처는 보이지 않고 회복이 늦을 뿐만 아니라 무덤까지 가지고 간다고 한다. 내가 조심조심 살아가는 지혜가 부족했던 것이 한없이 미워진다.

지금 알게 된 것을 과거에도 알았더라면 얼마나 좋았을까? 그렇다면 이런 후회를 하지 않았을 텐데... 세상에 후회 없는 삶은 없다고 한다. 그렇다면 우리는 후회의 강도를 낮추는 삶을 살아야 한다. 그렇지 않아도 짧은 인생, 발등을 찍을 만한 후회를 두어 번만 하고 나면 그 짧은 인생이 다 가고 만다.

그렇게 후회로 시간을 보낸다면 어디에서 보상을 받을 수 있을까? 우리는 매일 사는 인생을 후회 없이 살기 위해 항상 조심스럽게, 신중하게, 진지하게 살아가야 한다. 말 한마디도 조심스럽게 하고, 걷기나 운전도 조심해야 한다. 술 한 잔도 조심해서 마셔야 한다.

하지만 조심은 결코 구속이 아니다. 오히려 그것은 부단한 인격 수양의 길이다. 우리는 조심스러운 삶을 통해 자신의 인격을 더욱 고양시켜 나갈 수 있다. 따라서 우리는 매 순간을 조심스럽게 살아가며, 후회 없는 삶을 엮어나가야 한다.

모든 것은 때가 있다고 하셨던 어느 노 교수님의 말씀이 생각난다.

"시기를 놓치면 다시 기회가 와도 모르고 지나간다."라는 얘기다.

그때 이런 얘기를 했더라면,

그때 이런 생각을 했더라면,

그때 이렇게 행동했더라면,

어설퍼서 섣불리 행했던 일들이 얼마나 많은가...

값비싼 수업료를 지불하고 나서야 아차 하고 후회하는 우리가 아니던가.

앞으로 10년 후에 똑같은 생각을 하는 것은 아닌지...

지금부터라도 더 지혜롭고 현명하게 살 수 있도록 노력해야 하지 않을까.

삶을
관통하는
세 가지 지혜

마법의 주문
메멘토 모리(Memento mori) : 죽음을 기억하라.
카르페 디엠(Carpe diem) : 현재에 충실하라.
아모르파티(Amor fati) : 운명을 사랑하라.
이 세 가지에 인생이 행복해지는 모든 비법이 다 들어 있다고 한다.

메멘토 모리(Memento mori)는 故 이어령 선생님이 그의 마지막 수업에서 전하신 '죽음을 기억하라'는 말씀을 떠올리게 한다. 이 단어는 라틴어 문구로 어휘 'Memento'는 'remember'에, 'mori'는 '(to) die'가 합쳐진 말이다.

18세기 중반부터 19세기 초반까지, 유럽에서는 회중시계에 해골의 형상이 새겨진 디자인이 유행하였다. 이 시계는 종종 시간의 흐름과 죽음의 불가피성을 상징하기 위해 사용되었다. 이처럼 '죽음을 기억하라'는 회중시계의 상징성은 유럽 사람들의 일상생활에 큰 경종을 울려 주었다.

야사에 따르면, '메멘토 모리'는 고대 로마 공화정 시절의 개선식에서 유래했다고 한다. 2000년 전 전쟁에서 승리한 장군에게 허락되는 개선식은 네 마리의 백마가 이끄는 전차를 타고 시내를 가로지르는 퍼레이드를 거행했다. 이런 대접을 받게 되면 당사자는 신으로 숭배받는 듯한 벅찬 감동에 젖는다고 한다. 그러나 이 개선식의 마차에는 인간 중에서 가장 비천하다고 할 수 있는 노예 한 명이 장군과 같이 탑승했다. 이 노예는 개선식 동안 끊임없이 "메멘토 모리(죽음을 기억하라)"라는 말을 외쳤다고 한다. 이는 "오늘은 개선장군이지만 너도 언젠가는 죽는다. 늘 겸손하게 행동하라!"라고 경고하여 승리에 취한 장군을 일깨웠다고 한다. 아울러 해당 개선장군에게 너무 우쭐대지 말라는 경고 장치였다고 한다. 이처럼 '메멘토 모리'는 삶의 무상함과 죽음의 불가피성을 상기시키며 교만과 안일함을 경계하라는 깊은 의미를 담고 있는 경구이다.

이에 더하여 개선장군에게 수여되는 관(冠)에는 다음과 같은 경고 문구들이 적혀 있었다:

"Memento mori
그대는 죽어야만 한다는 사실을 명심하라!

Memento te hominem esse
그대는 인간이라는 사실을 명심하라!

Respice post te, hominem te esse memento
뒤를 돌아보라, 지금은 여기 있지만, 그대 역시 인간에 지나지 않는다는 사실을 기억하라!"

이 문장들은 오만해지지 말고 신들을 공경하라는, 1등이라고 너무 우쭐대지 말라는 뜻을 담고 있다. 아무리 인간으로서 전성기를 누려봤자, 그 위에는 반드시 신이 있기에(1등은 신만이 누릴 수 있기에) 항상 겸손하게 살아야 한다는 뜻을 담고 있다.

동양권에는 '메멘토 모리'와 비슷한 말로 '화무십일홍(花無十日紅)'이 있다. '열흘 가는 꽃이 없듯이 한 번 흥한 것은 반드시 쇠한다.'는 이치와 같은 의미이다.

'카르페 디엠(Carpe diem)'은 영화 〈죽은 시인의 사회〉(1990)에서 존 키팅 선생이 학생들에게 알려준 경구로 유명하다. 이 단어는 라틴어 문구로, 영어로 'Seize the day'로 번역되며, 'carpe'가 'seize', 'diem'이 'the day'가 합쳐진 합성어로 굳이 우리말로 표현하자면 '현재에 충실하라'라는 뜻으로 받아들여질 수 있다. 이는 지금과 같은 삶이 무한히 반복되어도 똑같이 이 삶을 다시 살아보고 싶을 정도로 살아가라는 말이다. 따라서 '노력'보다는 흔히 말하는 '현재 상황을 즐겨라'에 가깝다.

이는 모든 기쁨과 슬픔을 온전히 쿨하게 인정하라는 뜻이며, 일해야 하는 상황이면 일하고, 쉬어야 하는 상황이면 쉬라는 뜻을 담고 있다. 다시 말해, 상황에 따라서 즐기라(Enjoy)는 말로 이해된다. 가수 김 국환이 노래한 〈타타타〉가

카르페 디엠과 일맥상통한다. 〈타타타〉는 '인생이란 본래 그런 것이니 이런들 어떠하며 저런들 어떠하랴?'란 뜻이며, 이는 인생의 다양한 경험을 즐기고 받아들이라는 메시지를 담고 있다.

김 국환의 노래 〈타타타〉의 한 구절을 소개한다:

네가 나를 모르는데 난들 너를 알겠느냐?
한 치 앞도 모두 몰라 다 안다면 재미없지,
바람이 부는 날엔 바람으로, 비 오면 비에 젖어 사는 거지

이 구절은 상대방을 이해하고 사랑하려는 욕망을 담고 있으며, 서로를 알아가는 과정에서의 설렘과 재미를 표현하고 있다.

카르페 디엠은 마시멜로 이야기를 통해 미래를 위해 행복을 미루는 이데올로기를 비판하는 데 사용될 수 있다. 고도성장 시대에는 행복을 미루는 '투자'를 통해 보상을 받는 것이 어렵지 않았으나, 현재는 그런 보상을 받기가 어려워졌다. 따라서 현재의 사람들은 받을 수 있는 보상에 의지하는 것이 아니라 현재의 삶을 즐기고 그 맛을 즐기는 태도를 선택하는 것이 바람직하다는 것이다.

이처럼 현재의 삶을 즐기는 태도는 미래에 대한 걱정이나

욕망을 내려놓고, 현재의 순간을 소중히 여기라는 의미를 담고 있다.

미래를 준비하며 현재를 희생하는 것도 분명 가치 있는 일이나, 현재를 희생한다고 해서 꼭 미래가 귀한 보장도 없다. 미래를 위해 지금을 희생할 수 있지만, 그로 인해 미래가 더 귀중해지리라는 보장도 없다. '미래의 나'도 '나'이지만, '현재의 나'도 '나'이기 때문에, 너무 미래만을 향해 나아가다가 현재의 나를 잃어버릴 수도 있다. 따라서 카르페 디엠은 현재의 순간을 소중히 여기고 살아가는 태도를 강조한다. 미래나 과거에 과도하게, 매몰되지 말고 현재에 집중하며 삶을 즐기는 것이 중요하다.

'아모르파티(Amor Fati)'는 트로트 가수 김 연자가 한때 유행시킨 노래 제목이다. 아모르파티는 라틴어로 '사랑'을 뜻하는 아모르(Amor)와 '운명'을 뜻하는 파티(Fati)의 합성어로, '자신(自身)의 운명(運命)을 사랑하라' 혹은 'Love of Fate 또는 Love of One's Fate'라고 영어로 표기된다. 이는 인간이 가져야 할 삶의 태도를 말해주고 있다.

독일 철학자 프리드리히 니체가 그의 저서 「즐거운 지식」(Die fröhliche Wissenschaft) 등에서 언급한 개념으로, 운명애(運命愛)로 번역된다. 이는 사람이 태어날 때부터 가지고 있는 운명을 긍정하고 이를 사랑함으로서 위대함을 발휘하라는 사상을 담고 있다. 니체는 "삶이 만족스럽지 않거나, 힘들더라도 자신의 운명을 받아들이라."라고 말했으며, "상황을 자신의 운명으로 받아들이는 것에 그치지 말고 그 운명을 마음으로 인정하고 그 안에서 자신의 삶을 만들어 가라."라고 했다.

그러므로 아모르파티는 동일한 것이 무한히 반복되는 삶과 세계를 긍정함으로써 허무를 극복하는 적극적인 삶의 태도를 가지고 살아가라고 가르친다.

니체의 가르침을 좀 더 살펴보면, 그는 운명을 필연적인 것으로 여겼다. 그러나 운명을 긍정하고 사랑할 때 인간이 위대해지며, 자신의 창조성을 발휘할 수 있다고 말했다.

"그냥 너를 받아들여라. 너를 인정해라. 너는 모두가 바라는 장미꽃이 아니고, 그냥 들풀임을 인정하고 들풀의 행복을 찾아라."

이는 고통과 상실을 포함해 자신에게 일어나는 모든 일을 받아들이는 삶의 태도를 말한다. 동시에 운명에 체념하거나 굴복하는 것이 아니라, 자신의 삶에서 일어나는 고통까지 적극적으로 받아들인다는 의미를 담고 있다. 하긴, 아무리 안 된다고 발버둥 쳐봐야 이 상황이 달라지는 것이 아니니 현명하게 지금의 상황을 내 운명이 겪어야 할 연단으로 인정하고 살아가는 게 이 시대를 살아가는 최선의 방책인 듯하다.

'아모르파티'는 인생의 모든 사건과 우연을 포용하고 수용하는 태도를 의미한다. 좋은 일이든 나쁜 일이든 모든 것은 운명의 한 부분이며, 그것을 사랑하고 수용하라는 경구이다.

앞선 운명을 개척하는 선인들이 항상 하던 말 "내려놓고 받아들이라."는 말이 아모르파티가 뜻하는 운명을 사랑하라는 경구와 일맥상통하다.

가수 김연자의 〈아모르파티〉의 한 구절을 함께 보자.

산다는 게 다 그런 거지 / 누구나 빈손으로 와
소설 같은 한 편의 얘기들을 / 세상에 뿌리며 살지,
자신에게 실망하지 마 / 모든 걸 잘할 순 없어
오늘보다 더 나은 내일이면 돼
인생은 지금이야 '아모르파티'

이 구절은 모든 사람이 빈손으로 태어나고, 삶은 소설 같은 이야기를 품고 있다는 것을 말하며, 자신에게 실망하지 말고 오늘보다 더 나은 내일을 기대하라는 메시지를 전달한다. 또한 인생은 현재가 중요하다고 말하고 있다.

'메멘토 모리', '카르페 디엠', '아모르파티',
이 세 명문장은 우리의 생명은 순식간에 변할 수 있다는 사실을 상기시키며, 단 하나의 날숨을 잃어버리면 우리는 죽을 수 있고, 작은 불행한 사건도 피할 수 없는 연약한 존재임을 인식시킨다. 그러므로 교만을 버리고, 매 순간을 성찰하며 늘 겸손하게 살아가야 한다는 권유를 담고 있다.

이 경구들은 우리에게 죽음을 기억하고, 운명을 사랑하며, 현재에 충실함으로써 더 의미 있는 삶을 살 수 있다는 중요한 가르침을 전한다. 이들을 삶의 지침으로 삼아 나의 삶의 여정에서 좀 더 의미 있는 삶과 행복을 찾아 나서야 하겠다.

우리는 분노가 많은 세상에 살고 있다. 분노가 나와 무관한 단어 같아도, 화가 몇 분이 지나도 가라앉지 않는다면 그것은 분노의 전조증상일 수 있다. 만약 누구와 말다툼을 했는데 며칠이 지나도 화가 가라앉지 않는다면, 나에게도 분노가 있다는 증거다. 우리 내면에는 '분노'라는 휴화산이 존재하며, 이 휴화산은 가끔 터지는데 문제는 언제 터질지 알 수 없다는 점이다.

이 세상을 살아가는 동안 분노 없이 사는 사람은 없다. 일상생활 속에서 우리는 작은 화부터 격노에 이르기까지 수없이 많은 분노의 감정을 경험하며 산다. 한국 사람들은 다른 민족에 비해 유달리 분노가 많은 편이다. 아마도 오천 년의 역사 동안 너무 많은 시련을 겪으며, 어떤 한(恨, unresolved anger)이 우리 속에 맺혀 있기 때문일 것이다.

그러면 우리는 언제 분노를 느끼게 되는가? 무엇이 우리를 화나게 만드는가? 사람들은 자신이 계획하거나 기대했던 일들이 좌절될 때 분노한다. 가고 싶었던 대학에 입학하지 못하거나, 승진 심사에서 누락될 때, 자신이 믿었던 사람에게 속마음을 털어놓았는데 그것이 약점이 되어 돌아올 때, 갑자기 큰돈이 필요하지만 대출이 쉽지 않을 때, 꿈을 포기하고 그저 하루를 버티며 살아갈 때, 인간은 거절당하거나, 제지를 받거나, 여러 사람 앞에서 창피를 당하거나, 부당하게 비난받거나, 자존심에 상처를 입었을 때 분노를 느낀다.

기술이 발전하고 의식주가 풍요로워졌지만, 예상치 못한 부작용을 야기했다. 현실적으로는 빈부의 격차, 지역의 격차, 농촌의 궁핍화 등이 갈등을 부추겼고, 환경의 파괴와 공해 문제 등이 그 부산물로 대두되었다. 특히, 부익부 빈익빈이 심화되면서 많은 이가 상대적 박탈감과 정신적 스트레스에 시달리게 되었다. 그 대표적인 현상이 분노조절장애 증후군의 증가이다. 이는 자신의 분노와 화를 억제하거나 조절하지 못하고 타인에게 해를 끼치는 행동을 반복하는 것으로, 최근 들어 사회적 문제가 되고 있다. 이는 사람들의 가슴속에 내재된 분노가 많다는 것을 잘 보여준다.

 분노는 순간의 광기다. 우리는 순간적으로 치밀어 오른 화를 참지 못해 사람을 공격하고 때로는 자신도 파괴한다. 화가 나면 눈빛이 바뀌고, 관자놀이가 팽창하며, 신경이 예민해져 약간의 자극에도 거칠게 반응한다. 우리는 주위에서 이러한 분노가 걷잡을 수 없이 폭발하는 경우를 자주 목격한다. 폭발한 분노는 순식간에 범죄로 이어지기도 한다.
 1970~1980년대에는 치정이나 원한 등 동기가 분명한 폭력 범죄가 주를 이뤘다. 그러나 1990년대 중반 이후 지존파 등 사회적 박탈감을 불특정 다수에게 표출하는 범죄가 등장하기 시작했으며, 2010년 이후부터는 특별한 계획 없이 순간적인 감정이 폭발해 불특정 다수를 대상으로 저지르는 범죄들이 늘어나고 있다.

경찰청에 따르면 폭력 범죄 중 우발적인 범행 동기가 차지하는 비율은 해마다 40% 이상을 차지하고 있다. 또한, 분노 범죄는 일상 속에서 우발적으로 발생하며 예측이 불가능하다는 공통점을 가지고 있다. 분노라는 감정이 언제, 무엇을 계기로, 어떻게 발생하는지 규명하기 어렵기 때문에 분노 범죄를 예방하기란 매우 어렵다.

분노 범죄를 예방하는 것은 어려운 과제이지만, 개인과 사회적 차원에서 호흡을 길게 하여 대책을 마련하고 시행하여 안전하고 건강한 사회를 만들어나가야 한다.

우선, 개인적 차원에서는 유아기에 좋은 양육과 인성교육을 제공하는 것이 각종 폭력을 예방하는 첫걸음이라고 할 수 있다.

이와 관련해 박 인기 교수는 그의 산문집 「짐작」에서 이렇게 말하고 있다. "아이들이 전부 자기 위주로 자라고 키워졌어요. 사소한 일에도 양보가 없고 친구들을 이해하지 않으려 합니다. 부모들의 경쟁 이데올로기가 아이들에게 그대로 나타나요. 걸핏하면 욕하고, 비난하고, 싸우며, 그 싸움이 커져서 엄마들 싸움이 되고 그러다가 어느새 감정이 거칠어져 아무 일도 아닌 것이 학교폭력으로 이어집니다."

폭력 행동을 조절하는 중추신경은 전두엽에서 컨트롤하며, 3세에서 6세 사이에 빠르게 발달한다. 그러므로 인성

교육은 유아기부터 시작되어야 한다. 뇌는 부위별로 발달하는 시기가 조금씩 다르다고 알려져 있다. 일생 중 3세에서 6세 사이에 전두엽이 빠르게 발달하고, 초등학교 시기에는 측두엽(언어의 뇌)과 두정엽(과학의 뇌)이 이어서 빠르게 발달하기 시작한다. 그러므로 유아기에는 암기식 영어와 수학 교육보다 전두엽을 발달시키는 다양한 창의 교육과 인성교육을 많이 해야 하며, 초등학교 시기에는 영어와 국어, 수학과 과학 교육을 본격적으로 시키는 것이 좋다고 한다.

이를 보면 "세 살 버릇 여든 간다."는 옛 격언이 뇌 과학적으로도 옳다는 것을 알 수 있다. 유아기부터 잘못 길들여진 뇌는 평생 영향을 미친다는 사실을 깊이 인식해야 한다. 올바른 가정교육과 인성교육만이 바른 가치관을 가진 성인으로 성장하고 건강한 사회를 만드는 초석이 될 것이다.

이 대책은 너무 긴 시간을 기다려야 하고 또 그 효과를 계량화 해내기 어려운 면이 있어서 건강한 사회를 만들기 위한 근본대책이라고 할 수 있냐고 반문할 수도 있다. 그러나 수많은 사회심리학자들은 긴 호흡으로 어릴 때부터의 좋은 인성교육만이 건강한 인성을 가진 사회를 만들게 할 것이라고 한 목소리로 얘기하고 있다.

그다음으로 우리 모두는 분노를 잘 조절해야 한다. 우리의 마음에 분노조절 슬로건을 하나 만들고 분노가 일 때 그 슬로건을 입안에서 중얼거려 보자는 것이다. 이것은 대중가수

양희은의 토크쇼에서 그녀가 한 말이다. 어찌 보면 마법의 주문 같다.

"그럴 수도 있지"(It's possible.)

 갈등의 싹이 트려고 할 때, 누군가와 맞서게 될 때, 이 주문을 마음속으로 세 번만 반복해 보자. 진심으로 세 번만 되뇐다면 여러분의 근심은 눈 녹듯 사라질 것이다. 실제로 내가 경험해 보니 마음의 평화가 왔다. 별로 어렵지도 않다. 자기를 겸손으로 이끌어 주는 말과 행동이 바로 평화의 길로 이끌어 주는 말과 행동이 된다. 세 번 반복하는데 소요되는 시간은 약 10초도 채 걸리지 않는다. 10초의 비법이다.

 사회적으로는 사람들의 눈먼 분노를 부추기는 미디어도 반성해야 한다.

"출생의 비밀, 패륜 등 막장드라마라는 비난을 받는 줄거리도 문제지만 우리 드라마에서는 배우자에게 멱살 드잡이를 하거나 따귀를 때리고, 카페에서 이야기하다 화나면 상대의 얼굴에 물을 뿌리는 장면이 너무 자주 노출된다. 밥을 먹다가도 심기가 뒤틀리면 식탁을 뒤엎고 밖에서 화난 일 때문에 집에 돌아와 집기를 집어던지고 책상의 모든 물건을 손으로 쓸어버리는 장면을 보여준다. 작가들은 왜 화나는 일만 그리 자주 그리고, 분노의 표현을 그토록 폭력적으로만 묘사할까."

 살맛 나게 하는 콘텐츠를 많이 만나고 싶다. 미디어의 균형 잡힌 보도는 우리의 삶에 더 살맛을 더해준다는 점에서 무척 중요하다. 사람과 사회를 파괴시키는 분노에 대해서 사회적 차원의 해법이 필요한데 언론과 방송이 앞장서서 해법을 찾고 제시해야 되지 않을까 싶다.

'일노일로(一怒一老) 일소일소(一笑一少)'라는 말이 있다. 한 번 화내면 한 번 늙고, 한 번 웃으면 한 번 젊어진다는 뜻이다. 이 말처럼 웃음은 사람을 젊고 건강하게 만들지만, 화는 사람을 늙고 병들게 만든다. 화를 내면 아드레날린과 코르티솔 같은 호르몬이 분비되는데, 이로 인해 혈압이 올라가고 맥박이 빨라지며 심장혈관 내벽이 손상될 수 있다. 이런 일이 반복되면 심장병, 고혈압, 동맥경화, 소화 장애 같은 질병에 쉽게 걸릴 뿐 아니라, 뇌세포가 손상되어 치매에 걸릴 확률도 높아진다.

누구나 분노하면서 나이 들어가는 것을 원하지 않고, 분노하느라 행복을 망치고 싶지 않다. 분노를 이기지 못해 자신과 상대방을 파괴하는 모습을 보고 싶지 않다.
아름다운 인생이니까.
단 한 번뿐인 인생이니까.

§

금빛
땀방울의
감동

인간의 끈기와 투지가 모든 것을 이길 수 있는 인간승리 드라마는 올림픽에서 자주 펼쳐진다. 올림픽은 4년마다 엄격한 평가를 받는 무대로, 고도로 훈련된 선수들이 자신의 기량을 마음껏 뽐낼 수 있는 장소이다. 그곳에서 선수들은 자신을 불태우며, 스스로 밝히는 별들로 빛난다.

메달 숫자나 순위보다 더욱 값지고 가슴을 뭉클하게 만드는 것은 선수들의 땀과 눈물, 그리고 좌절을 이겨내는 끈기와 열정으로 가득 찬 인간의 이야기이다. 이러한 순간들을 다시 한번 되새겨 보는 것은 놀라운 감동과 용기를 느끼게 해준다. 그들의 이야기를 통해 우리는 자신의 한계를 극복하고 꿈을 이루는 힘을 느낄 수 있다.

2008년 베이징 올림픽에서 한판승의 사나이, 최 민호(1980년생, 163cm) 선수의 감동적인 이야기를 함께 공유하고자 한다.

베이징 올림픽 이전까지 최 민호 선수는 '만년 3위'라는 별명을 가졌다. 남자 60kg급 유도 선수로 세계적인 실력을 갖췄지만, 우승의 문턱에서 항상 좌절하는 불운이 따랐다. 2002년 부산 아시안게임, 2004년 아테네 올림픽, 2007년 세계 선수권 대회에서 항상 우승 후보로 거론되었지만, 예상치 못한 부상과 컨디션 저하로 인해 여러 차례 동메달에 그쳤다.

2004년 아테네 올림픽에서 동메달을 획득했지만, 금메달을 향한 기대 속에서 동메달을 딴 그에게 사람들의 냉담한 반응이 이어졌다. 이에 더해, 2005년 국가대표로 선발되지 못한 자괴감으로 하루 소주 7병을 마시고, 아이스크림 30개를 먹어 치울 정도로 나락의 길로 치닫고 있었다. 그는 자신의 현역 복귀 기회를 간절히 기다리고 있었다.

그러던 중, 최 민호 선수에게 현역으로 돌아오는 기회가 찾아왔다. '다시 시작!'하자며 그는 지옥 같은 훈련에 돌입했다. 매일매일 도망가고 싶었고, 포기하고 싶었지만, 그는 그 모든 갈망을 이겨냈다. 밤마다 울 정도로, 죽으라고 열심히 훈련을 했다. 그러던 사이, 2008년 베이징 올림픽이 다가왔다. 그는 반드시 이겨내야 한다는 불타는 집념으로 자신의 주특기인 '말아 업어 치기와 다리 잡아 메치기' 기술로 4년 만에 금메달에 도전했다. 경기는 60kg급이었고, 경기 시간은 5분이었다. 유도 32강(소요시간 1분 16초)부터 출전하여 16강(1분 18초), 8강(2분 1초), 4강(24초)을 모두 한판승으로 이겨 결승까지 진출했다. 결승전 상대는 세계 랭킹 1위인 루트비히 파이셔(오스트리아)였다. 결승전에서는 대접전이 벌어졌다. 경기를 관전하던 이들은 그의 경기에 몸 전체가 전율했다. 경기가 시작된 지 2분이 약간 지났을 때(2분 14초), 최 선수의 다리 잡아 메치기 기술이 효과를 발휘하여 상대를 매트 바닥에 내리꽂았다. 이로써 최 선수는 5경기 연속 호쾌한 한판승을 연출하며 그 간의 모든 아픔을 모두 메다꽂았다.

'한판승의 사나이'로서의 탄생이었다.

그렇게 오매불망 꿈꾸어왔던 금메달을 목에 걸었다.

최 선수는 매트에 꿇어앉아 왈칵 눈물을 쏟아냈다. 비 오듯 눈물이 계속해서 흘러내렸다. 이러한 감동적인 장면을 보면 울컥할 수밖에 없다. 그가 금메달을 획득하기 위해 얼마나 많은 노력을 했는지, 어떻게 좌절을 극복했는지 짐작이 가지 않을 수 없다. 나락의 길을 걷고 있던 그가 국민의 영웅으로 거듭나는 대반전의 모습은 정말이지 짜릿하고 감동적이었다.

이런 감동적인 인간승리의 이면에는 그가 올림픽 금메달을 목표로 한 각고의 인내와 노력이 있었다. 그가 이를 이루기 위해 어떻게 힘들게 노력했는지, 어떻게 자신의 좌절을 이겨냈는지에 대한 이야기를 들어보고자 한다. 이를 위해 그가 금메달을 획득한 이후의 여러 인터뷰 등에서 쏟아낸 말들을 정리해 보았다. 최 선수의 평상시의 훈련 모습이 어떠한지를 생생히 떠올랐다.

"나는 반쯤 미쳐있었어요."

"다른 국가대표 선수들도 질릴 만큼 훈련을 많이 했어요."

"몸이 안 움직일 정도로 운동을 많이 했을 때도 '너 그냥 갈 거야?'하면서 저를 몰아붙이니 안 독해질 수 없었어요. 독하지 않으면 절대 못 해내잖아요."

"억지로라도 휴식을 취해야 운동을 할 수 있는데, 전 조금의 쉴 틈도 없이 나 자신을 몰아붙였어요."

"쉬면 안 된다. 잠깐이라도 팔굽혀펴기를 해야 한다."

"화장실 갈 때도 토끼뜀을 하면서 가야 한다."
"볼일 보기 전에도 하체 운동을 100개 허야 한다."
"밥을 먹을 때도 악력기는 손에서 놓지 않아야 한다."
"운동할 때도 다른 선수들보다 30분 일찍 나가고 30분 늦게 나와야 한다."
"밤 11시 30분에 약 한 시간 정도 야간 운동을 하는데, 나를 따라 한다고 자정 12시경이나 그 이후에 나오는 선수들이 있어요. 내가 운동 끝나고 숙소로 들어가다가 선수들이 체육관으로 가는 모습을 보면, 울면서 또다시 가서 운동을 했어요."
"잠을 자다가도 새벽 3시 30분에 일어나서 팔굽혀펴기 100개를 하고 자야 한다."

　최 선수는 근력 강화를 위해 바벨을 무릎까지 들어 올리는 데드리프트에서 230kg을 기록할 정도로 근력 강화 운동에 집중했다. 90kg급인 유도 선수가 데드리프트 250kg을 들 때, 60kg급 최 민호 선수는 자기 몸무게의 3.8배나 되는 230kg을 든 것이다. 이것은 비슷한 체급의 역도 선수가 드는 무게와 맞먹는 힘이다.

　이런 식으로 훈련을 하다 보니 나중에는 너무 힘들어서 "실 하나 잡고 버티자. 버티기만 해보자!"라는 생각밖에 없었다. 그가 너무 힘이 들면 유일하게 의지할 수 있었던 어머니에게 전화해서 울면서 버텼다고 한다. 이 정도의 노력이라면 하늘도 알아줘야 하지 않을까 싶다.

이렇게 쌓인 노력은 동급 체급에서 압도적인 힘의 차이를 만들었다. 그 힘과 기술을 바탕으로 5연승 한판승을 거두며 금메달을 목에 걸었다. 그의 괴력은 이상과 같은 말도 안 되는 노력에서 나왔다. 올림픽에 참가하는 선수들 모두가 치열하게 노력하지만, 4년의 세월 동안 흘리는 땀방울의 색이 똑같을 순 없을 것이다. 더 많이 흘린 선수의 땀은 금빛이 나는 게 아닐까?

　당신의 땀은 어떤 색깔인가?
　우리가 삶을 살아가면서 어쩔 수 없이 마주치게 되는 포기, 슬럼프, 좌절을 극복하는 것은 정말로 쉽지 않다. 하지만 최 선수가 새로운 결심을 하고, 과거의 실패와 어려움을 떨쳐내고 일어서서 혹독한 훈련을 거쳐 눈물의 금메달을 획득하는 모습을 보고 나도 할 수 있다는 자신감을 갖게 된다.
　최 선수가 금메달을 꿈꾼 것처럼 젊은이든, 노인이든 누구나 꿈을 품고 있다. 나 또한 여러 가지 꿈을 품고 있었지만, 나이를 이유로 "나는 이미 늦었다."라며 포기해온 적이 많았다. 그러나 최 선수의 감동적인 금빛 이야기를 그의 동영상을 통해 보면서 삶을 다시 새롭게 시작하고자 하는 열망이 불타오르게 되었다.

　나의 삶을 새롭게 곧추세워야 한다는 생각이 든다. 지금부터 나는 최 선수의 의지와 정신력을 표본으로 삼아 내 꿈을 다시 키워나가려 한다. 내가 잘하고 즐기는 것들에 대한 꿈을 다시 새롭게 곧추세우고자 한다. 꿈을 이루는 것은 땀과 수고를 통해서만 완성된다. 꿈은 무한한 노력을 담은 그릇이다. 심는 대로 거두는 법이다. 대가를 지불해야 한다.

꿈을 이루기 위해서는 충분한 준비와 경험이 필요하며, 결코 포기하지 말아야 한다는 것이 중요하다. 그러나 여기서 놓치지 말아야 할 점이 있다. 삶의 꿈을 세우고 이를 이루기 위한 노력은 중요하지만, 그 과정에서 꿈이 현실적이지 않을 경우 꿈을 수정하거나 변경하는 것이 유연한 선택일 수도 있다. 때로는 꿈을 포기하는 것이 더 나은 결정일 수도 있다.

최 선수의 의지와 정신력, 그리고 그의 노력과 열정은 정말 대단하다고 생각된다. 마음을 곧추세워 최 선수의 100분의 1만큼이라도 노력한다면 우리도 원하는 꿈에 한 발짝 더 가까이 다가갈 수 있을 것이다. 10년 후, 20년 후에 후회하지 않도록 노력해야 하겠다.

마지막으로, 좌절에서 벗어나고 싶거나 슬럼프를 극복하고자 하는 분들에게 아래 3가지 그의 동영상을 추천한다.
- 최 민호, 2008 베이징 올림픽 전 경기 한판승.
- All 한판승 우승 최 민호.
- 세계 랭킹 1위 가볍게 뒤집어버린 '최 민호'가 말하는 그 당시.

§

장례비·부의금
앞에서
갈라지는 가족

돈!

이 녀석은 종종 가족 간의 관계를 혼란스럽게 만들기도 한다. 가정 내에서 돈에 대한 의견 차이는 종종 큰 갈등을 일으키며, 이는 부모와 자식, 부부, 형제자매 간에도 마찬가지이다. 장례 비용 정산과 또한, 재산 분배 역시 다양한 의견이 충돌할 수 있다. 남은 재산 분배 문제는 종종 숨겨진 큰 갈등의 원인이 되곤 한다.

특히, 장례 비용의 부담은 가족 간에 논쟁거리가 될 수 있다. 누가 얼마를 부담해야 하는가에 대한 의견이 갈리는데 장남이 부담, 공동 부담, 부의금에서 부담, 돈 많이 버는 형제가 부담해야 한다는 등등의 의견들 때문에, 그리고 부의금 분배는 공동 분배, 비용을 많이 부담한 형제 우선 분배, 자기 조문객이 낸 돈은 자기가 가져가도록 해야 한다는 이유 등으로 형제간에 의견이 분분하면서 분쟁의 씨앗이 된다.

가정 내에서는 며느리와 시어머니 사이의 묘한 신경전, 큰아들과 둘째 아들과의 이상한 기류, 이런 것들이 갈등의 시발점이 되어 집안 식구끼리 큰 소리가 나고, 다투고 결국, 서로를 적대시하며 가정이 파국을 맞는다. 가족 간의 갈등은 재벌 가정이든 보통 가정이든 다를 바 없다. 돈 문제는 어떤 가정에서도 갈등의 원인이 될 수 있으며, 이는 각자의 가치관과 이해관계에 따라 다양한 형태로 나타날 수 있다.

2005년, 신 격호 회장 여동생의 장례식이 있었다. 이때 신 회장은 수십억 원에 이르는 부의금을 내놓았는데 이 부의금 때문에 신 회장 여동생의 아들과 딸들 간에 분쟁이 시작되었다. 신 회장 여동생의 둘째 딸은 삼촌으로부터 받은 부의금으로 다른 형제들이 아파트를 샀다며, 장례비를 제외하고 자신에게도 그에 상당한 몫을 줘야 한다고 주장했다.

 이에 대해 법원은 장남이 신 회장으로부터 부의금으로 상당한 금액을 받았지만, 이 돈이 지급된 시점과 방법을 고려할 때, 이는 사망한 여동생을 대신하여 장남에게 증여된 것으로 판단하였다. 이 사건을 통해 우리나라의 40대 재벌 가운데 거의 절반에 해당하는 17곳에서도 혈족 간의 이러한 분쟁이 발생했다는 점이 드러났다.

 보통 가정 내에서도 재벌가와 같은 분쟁이 흔치 않게 일어난다. 세 달 전, 85세의 연세로 돌아가신 제 지인인 조 씨의 사연을 함께 생각해 보도록 하자. 조 씨는 생전에 두 아들과 두 딸을 두었다. 조 씨의 장례식에는 1,300여 명의 조문객이 참석했으며, 부의금은 총 1억 6,000만 원이 모였다. 사실, 조 씨의 장남은 사회 활동가로, 조문객 중 대다수는 그의 지인들이었다.

 장남은 이에 대해 "조문객 중 900여 명이 내 지인들이기에 내가 부의금의 70%를 받아야겠다."라고 주장했다. 그에 반해

차남은 "여기서 아버지를 모시고 산 사람이 누구냐? 아버지를 돌봐오며 집안을 지킨 내가 받아야 당연하지!"라고 말했다. 장녀는 이를 듣고 "왜 오빠들만 자식이야? 부의금은 공평하게 나눠져야 합니다."라고 반박했다. 차녀도 이에 동의하며 "저도 결혼할 때 해준 것이 뭐가 있나요? 공평하게 나눠져야 합니다!"라고 말했다. 위의 4남매는 부의금을 놓고 서로 다투다가 형제끼리 싸우고, 의절하고 지낸다고 한다.

모친의 장례식 부의금 문제로 인해 갈등이 발생한 50대 남성이 자신의 친누이에게 둔기를 휘두른 사건으로, 그에게 징역형이 선고되었다.

4년 전, 갑작스럽게 사고로 남편을 잃은 부인이 장례식을 치르고 휴식을 취하던 중, 동서가 말했다. "형님, 부의금이 들어온 금액과 사용된 금액이 거의 맞네요." 그리고 32만 원을 남은 돈으로 받았다. 그러나 나중에 사촌 시동생으로부터 들은 소식에 따르면, 시누이와 시동생 내외, 손아래 동서가 부의금을 모두 가져갔다는 것이었다. 이러한 배신감에 온몸을 떨며, 1년째 소송을 진행 중이다.

부의금을 두고 이런 문제가 계속해서 발생하는 이유는 부의금을 바라보는 시각 자체가 다르기 때문이라는 의견이 있다. 일단, 부모의 사망으로 생긴 돈인지, 아니면 자식들의 인맥 덕분에 생긴 돈인지를 놓고 의견이 갈린다. 전자의 경우 부의금을 일종의 '상속금'으로 보는 반면, 후자는 부의금을 일종의 '빚'으로 간주한다. 이로 인해 부의금 문제로 자식들 간에 의(義)가 상하고, 의절하는 경우가 발생하게 된다.

서울의 한 대형 장례식장에서 근무하는 김 실장은 "부의금 분배를 놓고 자식들끼리 싸우는 일을 일주일에 수차례 본다."라고 말한다. 보통은 유족 간의 상호 합의로 문제가 해결되지만, 합의가 이루어지지 않고 한 사람이 부의금을 독식하거나 장례비를 단독 부담하는 일이 발생하면 분쟁이 생기기도 한다. 이는 가족의 죽음과 관련된 문제라서 다툴 수 없는 상황인데도 불구하고, '어떻게 나누는 것이 공정한가?'에 대한 고민으로 서로 속앓이를 하다 보니 갈등하는 경우가 많다.

부의금을 나누는 기준에 대해 대법원과 가정법원에서 나온 판결이 있다.
대법원의 판례(1992)에서는 "장례비용에 충당하고 남는 부의금은 사망한 사람의 공동 상속인이 각자의 상속분에 따라 권리를 취득하는 것으로 봐야 한다."라고 판결했다.

서울가정법원 판례(2010.11)에서는
"부의금이란 장례비에 먼저 충당될 것을 조건으로 한 금전의 '증여'라고 전제하고, 부의금을 받은 상속인 별로 접수된 금액 비율대로 장례비에 충당하고(예컨대 부의금은 총 2억 원인데 아들 손님이 1.5억 원, 딸 손님이 0.5억 원이라면, 장례비가 총 1억 원일 경우 아들의 부담은 0.75억, 딸은 0.25억이 됨) 남은 금액은 부의금을 받는 상속인별로 귀속된다."라고 판결했다.

즉, 부의금을 많이 받은 사람은 그만큼 장례비도 많이 내야 하고, 각자 받은 것은 각자가 가져가는 것이 옳다는 것이다.

이에 따라, 누구를 보고 준 것인지 특정되지 않는 부조금은 상속인들이 균등한 금액으로 나누면 된다고 한다.

가족의 사망을 둘러싼 장례 비용이나 부의금 분배 문제까지 법적으로 결정해야 한다면, 그 상황이 얼마나 슬픈 일인지를 상상하기는 어렵지 않다. 이런 슬픈 일들이 있음에도 불구하고 다행스럽게도, 우리는 좋은 면을 볼 수 있는 장례 문화를 지니고 있다.

어떤 상가에서는 부의금을 받지 않는 경우도 가끔씩 있다. 자식들이 가족의 명예를 높이고, 진정으로 가신 부모를 애도하고 있다는 느낌을 받게 된다.

"장례를 치르고 남은 부의금이 수천만 원 남았을 때, 6남매가 가족 회의를 통해 결정을 내렸습니다. 절반은 어려운 형제들을 돕기 위해 사용하고, 나머지 절반은 성당에 성화와 불우 이웃 돕기 성금으로 기부하기로 했습니다."

"남은 부의금으로 인한 분쟁을 대비하여, 가족은 공통 통장을 만들었습니다. 그 통장에 부의금을 넣고, 부모님 장례 및 장지 관리 등에 발생하는 비용을 그 예치된 돈으로 충당하기로 했습니다."

"형편이 좋은 형제 중 한 분이 장례비를 모두 부담하고, 남은 부의금은 형제들끼리 공평하게 분배하였습니다."

 과거에는 사회적 안전망이 불투명하여 일종의 '품앗이'로 작용했던 부의금 문화가 경제 성장과 가족 해체와 함께 여러 가지 부작용을 낳고 있는 것이 작금의 현실이다. 그러나 이상에서 살펴본 바와 같이 부의금이 좋은 모습으로 사용되고 있는 사례가 많은 것은 참 좋은 현상이다. 이러한 좋은 장례 문화가 더욱 성숙해지기를 바라며, 유족을 위한 부의금이 원래 의미를 고려하여 가족의 화목을 도모하는 방향으로 사용될 수 있도록 지혜를 모아야 할 때다.

비워내는
삶을 향한
첫걸음

이삿짐을 싸는 것은 힘든 일이다.

누구나 일생에 몇 차례는 겪게 되는 일이다. 삭월세, 전세, 혹은 집을 마련할 때마다 항상 새로운 시작을 위해 이삿짐을 정리하고 꾸려야 한다. 이때마다 얼마나 많은 노력과 에너지가 들었던지...

오래전, 처남이 이사를 도와주러 왔을 때 그의 한 마디가 기억에 남는다. "이삿짐은 대부분이 책인데, 이 모든 책을 다 읽는 건가요? 이 집은 구석구석 책과 잡동사니로 가득 차 있어요. 그래서 온 집 안이 어수선하기 짝이 없는 것 같아요."

이 책들 때문에 때로는 아내와 큰소리를 쳤던 일이 있다. 아내는 심플한 것을 좋아하고 군더더기를 싫어한다. 하지만 나는 책으로 집을 채우면 마음의 공간이 채워지는 것 같아 푸근한 만족감을 느끼곤 했다. 그래서 과도한 책 구매로 인해 집 안은 책으로 가득 차 있었다.

새로운 물건은 계속해서 쌓이는 반면, 버릴 물건은 매우 적어서 집 안은 계속해서 좁아지고 있었다. 이제는 한계에 다다른 것 같다. 정리 정돈을 하지 못해 시간이 흘러갈수록 집은 더욱 혼잡해지고 있다.

우선 책부터 정리하기 시작했다. 보지 않는 책이 공간을 차지하고 있으면 정작 필요한 책들이 뒷전이 되곤 한다. 버려야 할 책들을 꺼내 보았는데, 그중에는 열심히 읽었던 책들도 있었다. 그런데 왜 그 책들의 문장 밑에 줄을 그었는지에 대한 기억은 떠오르지 않았다. 사실 한 번 읽은 책을 다시 보기는 쉽지 않다. 적어도 3개월 동안 한 번도 보지 않은 책은 영원히 다시 보지 않는다는 규칙을 적용해 최근 3개월 동안 안 본 책만을 골랐다. 거실에 버리려고 쌓아둔 책들을 바라보다가 책 하나를 골라서 슬그머니 다시 뒤로 감췄다. 이러한 과정이 반복되면서 책이 아까워서 버리지 못하게 되었다. 하지만 정말 필요하지 않은 책이라면 과감히 버려야 한다고 굳게 다짐하고 모두 다 버리기 시작했다. 그 과정은 정말 어려웠다. 손때가 묻은 책들을 버리는 행위는 추억의 흔적들이 담겨 있어서 더욱 그랬다. 하지만 이제는 이 추억의 흔적들도 떠나야 할 때이다.

그렇지만 버리지 못하는 책도 있다. 예를 들어, Norman Vincent Peale의 1955년 1월 발간된 「The Power of Positive Thinking」과 같은 영성적인 책은 나에게 정신적인 위안을 준다. 이런 책들은 늘 가까이 두고 있어야 하며, 윤 동주의 「별 헤는 밤」 같은 시집은 다시 꺼내 보지 않고 바라보며 그의 시를 떠올리게 되는 것만으로도 즐거움을 얻게 된다. 이런 책들은 버릴 수 없는 것들이다.

그동안 버리지 못했던 책들을 과감히 버리려고 일주일 동안 쌓아두었는데, 총 600여 권이었다. 몇 번의 이사를 해도 버리지 못했던 그 책들을 마침내 버렸다. 평생 가까이 해왔던 관세 관련 책들은 연구원 등에 기증했고, 나머지 책들은 아름다운 가게 직원들이 가져갔다. 몇십 년간 함께한 책들이 이제 새로운 안식처를 찾아갔다.

  안녕, 또 안녕.
  아~ 기분 좋다.

  대신에 집 안에 공간이 조금 생겼다. 그러나 아직도 멀었다. 각종 잡동사니 물건들로 둘러싸여 살고 있기 때문이다. 책 이외에도 옷, 이불, 가방, 여행지에서 산 소품, 각종 감사·공로·추대·기념·상패, 장롱 속에 쌓인 입지 않은 옷가지들, 읽은 기억조차 나지 않는 스크랩한 자료들, 엄청 많은 양의 대학 강의 보조자료 등으로 인해 머리가 어지럽다. 특히, 공부방과 침실은 혼란스러워서 정리가 필요하다. 그래서 몇 달 내에 함께 살고 있는 이 미련 덩어리들을 떠나보내려고 한다.

  그러나 물건 앞에 망설임은 누구나 다 있다. "이 옷은 작은데 버릴까? 버리자." 하다가도... "아니지. 멀쩡한데... 살을 조금만 빼면 입을 수 있을 것인데, 살을 빼고 입자." 이런 식으로 물건 앞에서 마음 고쳐먹기를 반복하다 보면 한 달이 가고 일 년이 가고 몇 년이 흘러간다. 이제는 집의 규모를 알 수 없을 정도로 물건들이 많아졌다. 더 이상 비만 덩어리로 남은 잉여 물건들에게 짓눌려 살고 싶지 않았다. 버리는 것도 너무

잦으면 안 좋지만, 아직도 내 집에는 잡동사니 물건들이 너무 많다.

따라서 용기를 내어 옷장에서 버릴 것을 골라내야 한다. 아까운 생각, 미래에 필요할 것이라는 생각 등을 버려야 한다.

여행지의 호텔에 가면 기분이 좋아지는 이유는 군더더기 없이 심플한 공간 때문이다. 내가 여백의 아름다움을 깨닫기까지는 더 오랜 시간이 필요할 것이지만, 조만간 비어있는 공간이 주는 묘한 허전함이 쉼으로 변할 것이다.

저 멀리 중동의 어느 모래사막 한가운데는 사해(死海, Dead sea)라는 커다란 호수가 있다. 비록 호수의 모습을 하고 있지만, 이 호수는 우리에게 바다만큼 커다란 교훈을 전달한다. 제주도처럼 길쭉한 이 호수가 죽음의 바다가 된 이유는 비움의 미학을 잊어버렸기 때문이다. 사해에는 물이 요르단 강으로 들어오기만 하지 빠져나가는 곳은 없다고 한다. 결국 사해의 염도는 세계의 어느 바다보다도 진해지고 말았고, 이런 높은 염분을 견디고 살아남은 생명체는 아직까지 잘 알려지지 않고 있다. 비움의 미학을, 버림의 아름다움을 잊어버린 호수가 제 탐욕의 무게를 이기지 못하고 무너져 내린 것이다.

최근 '비움'과 '버림'에 관한 자료들을 읽던 중 신기한 단어를 접하게 되었다. 언두(Undo)와 언런(Unlearn)이 바로 그것이다. 이것은 그동안 하던 행동을 되돌리거나 없애는 것인 언두와, 학습한 내용을 버리고 폐기하는 것인 언런이다. 비우고 버리는 과정을 통해 새로운 것을 받아들이고 바라볼 수 있는 공간이 마련될 수 있다는 것이다.

한 자릿수를 넘지 않은 소유물로 살아낸 마하트마 간디가 떠오르지만, 내 눈앞에 들어오는 잡동사니 물건의 수만 500여 개가 넘는 것이 틀림이 없다. 앞으로 더 버릴 것이다.

삶의 무게를 줄이기 위해 '필요 없는 것, 보기 싫은 것, 옛것'을 버려야 한다. '새로운 것, 의미 있는 것 그리고 아름다운 것'을 위한 빈자리를 만들어야 한다. 물건도 욕심도 버릴 것이다. 조금 더 간결하고, 조금 더 작은 삶을 살고 싶다.

내 집에 쌓이는 생활 쓰레기 이외에도 내 안에는 좋지 못한 것들이 많이 쌓인다. '게으름, 불만, 교만, 욕심, 불안' 같은 것들이 날마다 서서히 쌓여간다. 이것들도 생활 쓰레기와 함께 하루에 한 가지씩이라도 버려보아야겠다. 그러면 고여 있던 물을 밀어내고 흐르는 물을 받아들이는 것처럼 '상쾌함, 개운함, 새로움, 홀가분함'을 함께 느끼지 않을까. 이것이 나의 삶의 무게를 줄여줄 수 있는 첩경이 될 것이다.

지난 몇 주에 걸쳐 생활 및 정신 쓰레기 버리기에 몰두한 결과, 한결 깨끗해진 내 공부방과 거실 등등... 산뜻하고 뿌듯한 마음으로 한 주를 열어 간다.

참된 스승
두 분의 향기를
기억하며

지구상에 참된 스승은 얼마나 될까?

꽃향기는 백 리를 가고(화향백리), 술 향기는 천 리를 가나(주향천리), 좋은 사람의 향기는 만 리를 간다(인향만리)고 한다. 스승과 제자는 1만 겁의 인연으로 부모 자식보다 더한 인연으로 맺어졌다고 한다. 만 리를 퍼져 나가는 사람의 향기를 다 함께 흠뻑 느낄 수 있는 사제지간의 감동스토리를 아래 소개한다.

이야기 하나

한 청년이 길을 가다가 어느 노인과 마주쳤다. 청년은 노인이 자기를 알아보지 못하는 것을 보았다. 그래서 청년은 노인에게 이야기를 꺼내 보았다.

"혹시 아직도 저를 기억하십니까?"

"저는 선생님 제자였습니다. 선생님 덕분에 지금은 교수가 되었습니다."

그 말에 노인의 얼굴에는 미소가 번지더군요. 그는 자신이 누군지 모르는 청년에게도 성공을 이끌어낸 것에 자랑스러운 표정을 띠었다.

"오랜만에 듣는 소식이군요. 정말 멋진 일이야."

노인은 말했다. 노인은 잠시 생각에 잠기었으나 여전히 청년을 기억해 내지 못하는 듯 했다. 청년은 노인이 자신을 기억하지 못하는 것에 대해 조금 당황스러워하며, 학창 시절에 있었던 이야기를 꺼냈다.

그 시절 자기는 반 친구의 새 시계를 훔쳤고 시계를 잃어버린 학생은 선생님에게 시계를 찾아달라고 말했다. 선생님은 시계를 훔쳐 간 학생이 자진해 나와서 용서를 구하길 바랐지만, 누구도 자신을 도둑이라고 말하지 않았다.

그러자 선생님은 모든 학생을 일어나게 하고 절대로 눈을 뜨지 말라고 당부한 후 직접 각 학생의 주머니를 뒤졌다. 그렇게 하여 결국 시계를 찾았고 선생님은 학생들에게 다음과 같이 말했다.

"시계를 찾았으니 이제 눈을 떠도 좋다."

"그날 선생님은 제가 도둑이라는 걸 친구들에게 말씀하지 않으셨어요. 저의 자존심을 지켜주셨지요. 그때 선생님은 어떤 훈계도 하지 않으셨지만 저는 선생님께서 무슨 말씀을 하고 싶으신지 분명히 알 수 있었어요."

노인이 여전히 청년을 이상하게 쳐다보았고, 청년은 결국 노인에게 그 시절의 사건을 묻기로 했다. 그러자 노인은 이렇게 대답했다.

"그 일은 물론 기억이 나네. 그날 모든 학생의 주머니를 뒤져서 없어진 시계를 찾았지. 하지만 난 자네를 기억하지 못하네. 왜냐하면 나도 그때 눈을 감고 주머니를 뒤졌거든."

노인의 답변에 그 청년은 몸 둘 바를 몰랐다. 뭉클해진 가슴을 주체할 수가 없었다.

청년은 그 말에 감사를 표현하며 인사를 나누고 떠났다. 하지만 그의 마음속에는 선생님에 대한 애정과 존경이 여전히 남아있다. 그 스승의 향기는 만 리를 넘어서도 영원히 기억될 것이다.

청년은 이를 통해 사랑으로 자신과 타인을 보호할 줄을 아셨던 선생님을 더욱 사랑하고 존경하게 되었다고 한다.

이야기 둘

교육의 의미가 무엇인지, 스승과 제자의 관계는 어떠해야 하는지 재차 묻게 되는 요즘, 그 질문에 온몸으로 답을 해 온 한 선생님의 이야기가 있다.

전남 고흥 출신인 박 주정 선생님은 1992년 광주의 한 실업계 고교에서 교직 생활을 시작했다. 이듬해 이른바 가정에서 내놔버린 '문제 학생'이라고 불리던 8명의 아이들이 "하룻밤만 재워 주세요."라며 그의 열 평짜리 아파트에 찾아왔다. 하루, 이틀... 아이들은 방과 후 매일 밤 찾아오고 그대로 눌러앉았다. 갈 곳 없는 아이들을 박 선생은 받아들였다. 그의 세 식구가 살기에도 집이 비좁았으나 아이들을 길바닥에 내쫓을 수는 없었다. 아내는 매일 도시락 8개를 쌌고, 박 선생과 아이들은 같은 집에서 먹고 자며 생활했다.

그렇게 시작한 동거는 아이들을 변화시켰다. 소위 '문제 학생'으로 불렸던 학생들은 박 선생의 집에서 함께 공부하며, 학기 기말고사에서 전교 1~7등까지 석권했다. 그리고 한 번도 생각지 못했던 대학 진학을 꿈꾸게 됐다.

신기했다. 새벽 4시에 아르바이트를 하고, 점심 먹고는 그 돈으로 학원을 다니는 기적 같은 일이 눈앞에 펼쳐지고 있었다. 실제로 그해 여름방학이 끝날 무렵 두 명은 자격증을 따기도 했다. 그 당시 실업계 고교 출신 학생의 경우에 기술 자격증이 있으면 대학에 진학할 수 있었기 때문이다. 변해가는 아이들을 보자 어머니의 말씀이 떠올랐다. 어머니는 "사람은 희망이 있으면 살아갈 수 있다."라고 했다. 그해, 나 역시 사람은 희망이 있고 꿈이 있을 때 변화가 생긴다는 사실을 분명히 목격했다. 아이들을 보면서 배의 항해사처럼 그들에게 항로를 안내하고 인생의 빛이 되어주는 역할을 해주는 것이 나의 책무라는 것도 깨달았다.

꿈이 생긴 아이들이 그 해 10월, 박 선생의 집을 떠나며, 또 다른 '문제 학생'들을 데려왔다. "우리는 이제 사람 되었으니 이 친구들을 사람 좀 만들어 주세요."라는 것이었다. 7명이 나가고 새로 8명이 왔으니 총 9명이 되는 셈이다. 박 선생은 "아내는 그 좁은 집에서 더 이상 함께 살아갈 수 없다."고 말하였지만 나마저 이 아이들을 포기하면 안 될 것 같다는 마음으로 더 많은 아이를 받아들였다고 말했다. 집이 너무 좁아서 박 선생은 대출을 받아 광주 외곽에 있는 방 다섯 칸짜리 폐가를 전세로 얻었다.

그렇게 박 선생은 '공동학습장'을 만들었고, 사람이 된 아이들이 들어오고, 나가고 한 10년 동안 707명의 아이를 돌봤다.

그의 첫 차 빨간색 프라이드에 아이들을 태우고 학교와 공동학습장을 오갔다.

이후 학생들을 위한 제도적인 도움이 절실하다고 판단해 2004년부터 광주시 교육청 장학사로 근무했다. 그해 학교 부적응 학생을 위한 단기 위탁교육 시설 '금란교실'을 국내 최초로 개설했다. 2008년에는 학교 부적응 학생과 학업 중도탈락 학생을 전담 교육하는 대안학교 '용연학교'를 설립했다. 용연학교의 성공은 학교 부적응 고등학생을 위한 장기위탁 대안학교 '돈보스코 학교' 설립으로 이어졌다. 2015년엔 자살 등 위기 상황에 놓인 학생들을 위한 국내 유일의 24시간 위기학생 신속 대응팀 '부르미'를 창설해 초대 단장을 맡았다.

박 선생의 사연은 CBS '세바시(세상을 바꾸는 시간)'에 출연하면서 화제가 됐다. '새롭게 하소서'는 유튜브 조회 수 170만 뷰를 기록하며 전국적인 관심을 모았다.

그의 책 「선생 박 주정과 707명의 아이들」은 영화 같았던 교사 생활 이야기와 위기의 아이들을 지키며 고뇌하고 성찰한 인간 박 주정의 이야기를 담았다.

박 선생은 서문에서 지나온 발자취가 한 권의 책으로 묶이지만 10년 세월을 함께했던 '707'의 아픔은 지금도 진행 중이라며 707명의 아이들은 중년이 되었지만, 새로운 아이들과 함께하는 나의 동행은 앞으로도 계속될 것이라고 말했다.

박 주정 선생은 광주시 서부교육지원청 교육장을 거쳐 2023년 현재 광주 진남중학교 교장으로 일하고 있다.

위의 두 분은 사랑의 실천적 나눔과 봉사라는 말도 너무 흔해 어느새 빛이 바랜 요즘 이 시대의 귀감이 되는 선생님들이시다. 두 분의 진심 어린 관심, 사랑 그리고 배려가 학생들을 얼마나 성장시킬 수 있는지 일깨워 준다. 두 분은 제자들을 위해 징검다리 역할을 했다. 제자들을 섬기는 큰 그릇이었다.
 이 두 분이 행하신 일들은 읽는 이에게 감동을 넘어 부끄러움을 느끼게 한다. 지금 여기 나부터 늦지 않게 마음을 내어 무언가 좋은 일을 시작하고 싶게 만든다.

우리나라는 예로부터 '스승과 제자'라는 관계가 서로 배우고 성장하며 발전할 수 있는 매우 중요한 관계로 알려져 왔다. 스승은 부모 다음으로 존경의 대상으로 여겨왔다. 예전에는 선생님에게 훈계를 받거나 때로는 종아리를 맞는 등 몸으로도 교육을 받는 일이 흔했지만, 사회적으로 큰 이슈가 되지 않았다.

그러나 최근 몇 년간, 일부 선생님이 학생에게 훈계나 교육의 범위를 넘어서는 폭력행위를 저질렀거나 성폭행 등의 범죄가 발생하면서 이러한 사건들이 언론에 노출되었다. 선생님이 학생과 학부모들의 눈치를 보고 학생들에게 폭행을 당하거나 참지 못해 자살하는 상황까지 이르게 되었다. 이로 인해 스승과 제자 간의 관계가 법으로 해결해야 하는 지경에 다다르자 아동보호법, 아동학대법, 교권보호 등의 법률이 논의되고 시행되었다.

 이러한 안타까운 상황일수록, 우리는 더욱더 우리가 경외하고 존경하는 분을 스승으로 모시는 것은 참으로 중요하다. 자동차 연료가 다 떨어졌을 때 수돗물이 휘발유보다 값싸다고 해서 연료통에 수돗물을 부을 것인가? 아마도 그렇지 않을 것이다. 우리는 우리 마음을 아는 분, 우리의 마음에 용기와 지혜를 일으키는 진정한 스승, 최고의 스승을 우리 삶에 모셔야 한다.
 게다가, 우리 자신도 그런 스승이 되기 위해 마음의 밭을 갈고 닦아야 할 것이다. 정신적인 지주가 사라진 시대에는 스승다운 스승이 절실히 필요하다. 시대를 깨우는 스승이 그리워진다.

 이러한 마음가짐으로 우리는 스승의 가르침과 인도에 따르며, 서로를 존중하고 배려하는 사랑과 이해의 공동체를 형성해 나가야 한다. 함께 노력하여 스승과 제자 간의 관계가 존중과 배려로 가득한 안전한 환경에서 발전할 수 있기를 바란다. 그렇게 함으로써 우리는 더 나은 세상을 만들어갈 수 있을 것이다.

초임 사무관에게
전하는 공직의 길

내가 공직을 떠나 사기업체에서 일할 때 맺은 인연으로 사기업체 오너 사장과 현직 전무 그리고 나를 포함한 세 명이 2개월에 한 번씩 오찬 회동을 해왔다. 어느 날 오찬 시 전무 자제가 행정고시 재경직에 합격했다고 하면서 다음번 회동 시 아들과 함께 올 테니 공직 생활의 자세 등 좋은 조언을 부탁하여 내가 초임 사무관에게 전달한 얘기를 아래 소개한다.

공직에 대한 확고한 신념이 있어야 한다.
공직은 전 국민을 대상으로 공공 서비스를 제공하는 일을 하고, 민간 기업은 특정 회사의 제품이나 서비스를 통해 이익을 창출하고 결과적으로 사회 경제에 기여하는 일을 하게 된다. 이러한 관점에서 이 두 가지 일에는 큰 차이가 있다.
행정고시에 합격했으니 공무원교육원 과정과 수습 과정을 거쳐 사무관으로 임용된다. 사무관은 기안 책임자로서 정책 입안 시 그 중심은 시작과 끝이 국민이어야 한다. 결재 과정에서 청와대 등의 상급 기관, 그리고 장·차관, 차관보, 국장, 과장의 의견에 따라 당초 기안한 내용이 수정이 될 수는 있겠지만 소신을 가지고 국민 중심으로 의견을 적극 개진하고 밀고 나아가야 한다.

멀리 앞을 내다보고 공직을 시작해야 한다.
100세 시대를 맞이하여 공직을 시작해서 20~30년 후 퇴직을 하고도 남아있는 여생이 길 것이기 때문에 퇴임 후 무엇을 하며 살 것인지에 대해 심사숙고해야 한다. 인생의 로드맵을 크게 그려야 하며, 세상의 변화를 늘 주시해야 한다. 그 변화 중 하나로 앞으로는 정부 부서 간에 또는 정부 부서와 사기업체 간의 인사 교류가 활발해질 것으로 예상된다.

정부 부서 간이거나 정부 부서와 사기업체 간 인사 교류가 있을 때 일을 다양하게 해 볼 것이냐 아니면 어느 특정 분야에 집중할 것이냐 하는 생각이 우선 정리되어 있어야 한다. 그래야 나의 경력 관리를 잘할 수 있다. 특정 분야에만 집중하다 보면 경쟁이 치열한 사회에서 시야가 좁아지고 결과적으로 경쟁력이 떨어져 퇴직 후 일자리를 구할 기회를 찾기가 어려워질 수 있다. 따라서 공직 재임 중에 다양한 경험을 쌓아 남과 차별화되는 경쟁력을 갖춘 공직자가 되어야 공직 퇴임 후 새로운 일을 찾는데 보다 용이하지 않을까 생각된다.

어떤 분야에서 일을 할 것인지를 결정해야 한다.

첫 발걸음이 매우 중요하다. 초임 사무관으로서 첫 인사발령을 받을 때 인사부처에서는 자신의 희망 부서를 조사한다. 정책 부서에서 일할 것인지, 아니면 집행 부서에서 일할 것인지를 결정해야 하는데, 나는 정책 부서에서 일하는 것을 권유한다. 정책 부서에서 일함으로써 극민을 위한 다양한 정책 입안을 해 볼 수 있어 시야가 넓어질 수 있다. 정책 입안 시 혼자 단독으로 생각하여 그 방향을 정하지 말고 주위 선후배들과 주어진 과제에 대해 의견을 구하거나 토론하여 공통점을 찾아내는 것이 중요하다. 그렇게 하면 실수를 줄일 수 있다. 내가 입안한 정책이 시행되어 신문에 대서특필되는 것을 보면 큰 희열을 느낄 수 있다. 이런 것이 정책 부서에서 일하는 맛이다.

 정책 부서도 여러 부서가 있다. 금융, 조세, 공정거래, 예산, 건설, 상공·통상, 농림 수산, 환경, 법무, 일반 행정, 보건, 노동 등 여러 분야가 있다. 다 같은 정책 업무를 하더라도 퇴임 후 사기업체에서 새로운 일터를 구함에 있어 열려있는 곳을 선택하는 것을 권유한다. 예를 들어, 경제 경찰인 공정거래, 세무, 금융, 환경 등의 전문가는 퇴임 후 대형 사기업체나 법무나 세무법인 등에서 새로운 일터를 마련하기가 비교적 용이하다고 생각된다. 또한, 어느 부서이든 엘리트 코스가 있으니, 그것을 잘 살펴 그 방향으로 공직생활을 할 수 있도록 노력해야 한다.

 나의 브랜드 파워를 강화해야 한다.
내가 일하는 분야에서 나는 아마추어인가, 전문가인가, 프로페셔널인가, 혹은 마스터인가에 대한 자기 성찰을 통해 나를 발전시켜 나가야 한다. 바로 경쟁력 있는 인재로 거듭나야 한다는 말이다. 내가 보유한 지식에는 한계가 있을 수 있다. 부족한 부분은 주변의 도움을 받아 보완할 수 있다. 경제 연구소 등의 통찰력 있는 사람들과 친분을 다져 그들의 통찰력을 빌려 나의 부족함을 보완하는 노력도 게을리하지 말아야 한다.

또한, 내가 담당하는 분야의 전문 서적을 출판하는 것도 중요하다. 나는 지금까지 8권의 무역 및 관세 관련 서적을 출판하였고, 이를 통해 관세 전문가라는 얘기를 자주 듣는다. 외국어 한두 가지는 능숙하게 구사할 수 있도록 항상 갈고닦아야 하며, 정부가 지원하는 해외 유학도 고려해야 한다. 더 나아가 박사 학위를 취득하는 것도 고려해 볼 필요가 있다.

뿐만 아니라, 품격 있는 인간으로서의 모습을 갖추어야 한다. 이를 위해 역사, 철학 등의 인문학 서적을 많이 읽어 인간의 본성과 문화적 측면을 탐구하여 내 사고의 체계를 잘 정립해야 한다. 젊은 시절에는 승진, 부의 축적, 명예 등을 위해 힘을 쏟는 삶을 살아가더라도, 나이가 들면 의미 있는 삶을 추구해야 하기 때문이다. 이렇게 함으로써 노년의 삶을 품격 있게 보내야 하지 않겠는가.

상하좌우의 대인관계를 원활하게 유지해 나가야 한다.

인간관계의 정의에는 정답이 없다. 나는 인간관계를 '내가 손해를 본다는 관점에서 출발하면 원만한 대인관계를 형성할 수 있는 것'이라고 정의하고 싶다.

상사와의 관계는 중요하다. 직근 상사와 차·상위 상사는 부모님, 형님보다 더 잘 모셔야 한다. 이는 술대접이나 특별한 대우를 뜻하는 것이 아니라, 일과 관련하여 그분들을 아주 능동적으로 잘 뒷받침해 드려야 한다는 의미이다. 상사의 지시를 받으면 보는 앞에서 반드시 메모를 하고, 이해하지 못한 부분이 있다면 명확히 물어봐야 한다.

수평적인 대인관계는 넓고 깊어야 한다. 시험 동기나 학연 등을 통해 관계를 형성하고 잘 관리해야 한다. 그들로부터 언제 어디서 어떻게 도움을 받게 될지 모르기 때문이다. 특히, 시험 동기는 평상시 서로 유대관계를 강화해 나가는 것이 좋다. 동기 모임에서 총무 등으로 활동하거나, 다양한 동호회에 참여하여 주변으로부터 긍정적인 평가를 받도록 노력해야 한다.

상하관계는 무엇보다 중요하다. 부하 직원들을 잘 관리하기 위해서는 업무에 대한 통찰력이 있어야 한다. 일을 시킬 때 반드시 큰 방향을 제시하면서 지시하면 부하들이 잘 따른다. 함께 토론하는 방식으로 일을 추진해 가면 좋은 정책을 입안하는데 큰 도움이 된다. 부하 직원 중에서 믿고 의지할 수 있는 나의 사람을 만들어야 한다. 그를 통하여 직원들의 나에 대한 불만이나 조직의 일하는 분위기를 파악할 수 있어 적절하게 대처해 나갈 수 있다.

인사가 만사이다.
인사는 모든 것을 결정한다. 어떤 조직이든 20%의 인원이 그 조직을 주도하고, 70%는 그 방향을 따르며, 나머지 10%는 조직에 큰 도움이 되지 않는 경우가 흔하다. 나의 업무 성과를 높이기 위해서는, 나와 함께 일하는 사람이 똑똑해야 한다. 그런 사람을 찾아서 부처 인사팀에게 내가 마음에 두고 있는 사람을 내 과(課)나 국(局)에 보내 달라고 앙청을 해야 한다. 또한, 내가 특정한 부서에서 일하고 싶다면, 내 의향을 인사팀에게 분명하게 전달해야 한다. 자주 소통하지 않고, 말하지 않으면 아무것도 일어나지 않는다는 것을 명심해야 한다.

내가 공직 재직 시 근무하던 부처의 인사위원회 위원장을 한 경험에 의하면 어떤 사무관은 국장들이 서로 달라고 하고 어떤 사무관은 서로 안 받겠다고 하는 경우가 늘 있었다. 심지어 A 사무관을 내 국(局)에서 받느니 차라리 그 자리는 비워두겠다고 하는 국장도 있었다. 나에 대해 주위가 다 보고 늘 평가하고 있으니 정신을 똑바로 차려 조직에서 필요로 하는 사람이 되도록 해야 한다.

건강을 지키는 노력을 생활화해야 한다.

건강은 생활의 핵심이다. 어떤 일을 하든지 건강은 절대로 잃어서는 안 된다. 건강을 유지하기 위해 시간과 돈을 투자해야 한다. 우선적으로 걷기와 같은 간단한 운동을 일상화하는 것이 중요하다. 또한, 자신이 즐기는 운동을 선택하여 꾸준히 지속해야 한다. 특히 내가 정책 부서에서 일할 때 열심히 일하던 젊은 엘리트들이 건강을 잃고 쓰러지는 사례를 종종 목격했다. 과로는 피해야 하며, 담배와 술을 삼가는 것은 당연한 일이다. 나라 일은 너무나 중요하지만 개인의 건강도 무엇보다 중요하다.

공직은 화려하지 않지만 나라를 위한 봉사의 자부심을 느낄 수 있는 직업이다. 돈에 눈이 멀지 말아야 하며, 후회 없이 정직하게 일했다는 자부심을 가질 수 있어야 한다.

이제 내가 칠십 대 중반의 나이가 되어 뒤돌아보니 내 스스로 선택한 공직생활 내내 자부심을 갖고 우직하게 일했고 큰 보람을 안고 살아왔으니 후회는 없다. 나 자신에게 스스로 칭찬해 주고 싶다. 공직을 시작하는 초임 사무관도 먼 훗날 공직생활이 본인에게 큰 보람을 안겨주었기에 후회 없다고 말할 수 있게 되기를 기대한다. 그러나 너무 일 중심으로 살아가다 보면 누구에게나 박수받을 만큼 훌륭하게 살았다고 얘기를 들을 수는 있으나, 정작 개인은 행복하지 않았다고 후회할 수도 있으니 일도 중요하나 일 이외에 나 자신을 위한 품격 있는 삶도 놓치지 말고 잘 가꾸어 나가길 바란다.

공직을 처음 시작하는 초임 사무관에게 이상의 내용들을 전하면서 다른 분들의 의견도 두루 들어보아 공통 분모를 찾을 수 있도록 노력하라고 권유하였다.

§

아무도
풀지 못한
수수께끼를
만나다

2023년 1월 말, 나는 꼭 가보고 싶었던 이집트로 여행을 패키지 투어로 떠났다. 6박 9일 동안의 여정은 마치 현대사회에서 벗어나 과거로의 시간 여행을 한 듯했다. 그곳에서의 경험은 깊은 여운을 남겼다. 투자한 돈과 시간이 전혀 아깝지 않았던 그 특별한 여행의 여정을 되돌아본다.

이집트라는 이름을 마음속으로 불러보면, 먼저 피라미드와 스핑크스가 떠오른다. 그 뒤로는 파라오와 람세스 2세, 투탕카멘 등 익숙한 이름들이 연이어 등장하며, 카이로와 나일강, 마지막으로는 사하라 사막이 마음을 스쳐간다. 피라미드와 스핑크스, 그리고 카르낙 신전은 이집트 여행의 백미였다.

고대 이집트 왕의 피라미드는 권력과 부활의 상징으로, 왕의 무덤이자 죽은 파라오의 영생을 위한 궁전이다. 이곳은 건축 구조의 미스터리와 황금 비율의 아름다움으로 고대 7대 불가사의 중 하나로 남아, 인류 역사상의 유산으로 기록되었다. 피라미드 건축은 고대 이집트인들의 사후 세계관과 높은 관련이 있다. 고대 이집트인들은 죽음을 일종의 사후세계 여행으로 간주했다. 태양신을 숭배하던 그들은 사후에 태양빛을 따라 하늘로 올라가 생명의 열쇠를 받아온다고 믿었다. 이 사후 여행을 마치고 영혼이 되돌아오면, 다시 영생을 누릴 것이라고 믿었기에 미라를 만들어 시체가 훼손되지 않도록 보존하여 부활에 대비했다. 고대 이집트인들은 죽어서도 살았을 때의 모든 영화를 누리고 싶어 했다.

피라미드는 죽은 자가 다시 돌아와 영생을 보내는 곳이므로 마치 생전의 집처럼 꾸며 놓았다. 파라오가 쓰던 그릇, 옷, 가구, 장식품 등을 갖추어 놓았으며, 심지어 죽은 자가 자신을 알아볼 수 있도록 초상화도 그려 넣었다. 벽에는 고기잡이, 항해, 농사짓는 광경 등을 생생하게 그려 놓았는데, 이는 다시 돌아온 영혼의 기억을 되살리기 위한 것이다. 이에 더하여 부장품으로 순금관 등 황금으로 무덤 안을 채워 놓았다. 그러니 도굴꾼들이 탐을 낼 수밖에 없었다.

나일강을 기준으로 서쪽에 위치한 기자에 우리가 아는 가장 완벽한 형태의 쿠푸왕의 피라미드가 있다. 4500년 역사를 품은 피라미드는 압도적이고 거대하고 위압적이다. 한 면의 바닥 길이 230m에 높이는 146m(현재는 138.5m), 아파트 45~50층 높이다. 피라미드는 평균 2.5톤의 돌 230만 개를 아스완에서 465km 떨어진 기자 지역 사막까지 가져와 그처럼 정교하게 쌓았다는 게 믿어지지가 않는다.

피라미드 중앙에 왕과 왕비의 묘실이 있다. 불가사의한 세계 최대의 석조 건축물이다. 과거 피라미드를 방문한 나폴레옹은 "피라미드의 돌로 프랑스 전 국경에 장벽을 세울 수 있겠다."라고 말했다고 전해진다.

대 피라미드 앞에 서면, 나는 작은 점이 된다. 이 어마어마한 건축물의 미스터리는 어디까지일까 아직까지도 풀리지 않은 수수께끼이다.

하나의 피라미드가 완성되기까지 짧게는 10년, 길게는 50년까지도 걸리기 때문에 파라오가 즉위하는 시점부터 건설되기 시작한다. 이 긴 세월 동안 누가 건설에 동원되었을까? 농민, 예술가, 노동자들이었다. 매년 1만 명이나 되었다. 재해이자 축복인 나일강이 범람하는 시기가 되면 농민들은 물이 빠질 때까지 기다리는 수밖에 없었고 당연히 돈벌이도 줄어들었다. 이런 상황을 극복하고자 피라미드 건설에 농민들을 투입시켰다. 강제는 없었다(?)고 한다. 노동한 만큼의 임금을 받았고, 임금 체불 시 파업도 진행됐다고 한다. 피라미드 건설은 고대 이집트 판 '뉴딜정책'이었다. 이들이 일할 때 주어진 부식 중에 마늘과 양파가 자양강장제로 큰 인기였다고 한다.

피라미드와 관련하여 하나 짚고 넘어가고 싶은 것은 '왜 미국 지폐 1달러 뒷면 왼쪽에 피라미드가 있으며 그 위의 눈 그림은 무엇인가?' 이다.

그 답은 의미심장하다.

피라미드의 벽돌은 13줄로 미국 독립을 위해 싸운 동부 13주를 상징한다.

피라미드 맨 밑줄에 새겨진 MDCCLXXVI 은 독립 기념의 해인 1776년의 로마자다.

피라미드 위에 있는 눈은 '모든 것을 꿰뚫어 보는 신(섭리)의 눈(the Eye of Providence)'이다.

그리고 피라미드 위에 "ANNUIT COEPTIS"라는 말은 '신은 우리가 하는 일을 지지 하신다. (He [God] has favoured our undertakings)'라는 뜻이다.

왜 피라미드를 그렸을까?

피라미드는 무너지지 않는 힘과 영원한 존속을 나타낸다.

피라미드가 미완성인 것은 성장을 뜻한다.

맨 아래에 NOVUS ORDO SECLORUM은 미국의 새로운 시작(the beginning of the New American Era)이라고 한다.

피라미드는 이 정도로 살펴보고 스핑크스로 넘어가 보자.

스핑크스는 거대한 바윗돌을 깎아 조각한 것으로 길이 73m, 높이 22m로 사자의 몸에 인간의 머리 형상으로 조각한 왕의 묘지 수호자였다. 사자의 용맹함과 인간의 지혜의 상징으로서 스핑크스는 태양신 '라'의 화신이었다.

그는 생존과 부활의 세계인 동쪽을 바라보고 있다.

가까이서 보니 코 부분이 망가지고 턱수염이 떨어져 나갔으나 명성은 여전하다. 원래 있던 턱수염은 현재 영국박물관에 있고 없어진 코는 오스만제국의 군에 의해 파괴되었다는 설이 있다.

무수한 풍화에 깎인 얼굴은 정확하게 가늠되지 않을 정도로 본 모습을 잃어가고 있으나 오랜 시간동안 그 얼굴을 들여다보고 있노라면 그 얼굴에서는 극도로 무표정하되, 자신의 허락 없이는 피라미드에 더 이상 가까이 갈 수 없다는 엄숙한 결의마저 느껴진다.

 언젠가 피라미드 속에 잠들고 있는 파라오가 부활해 세상에 나타난다면 그제야 자신은 조용히 뒤로 물러날 뿐이라고 스핑크스는 굳게 꼭 다문 입술로 이야기한다. 영원히 남아 사라지지 않을 스핑크스. 불멸이란 이런 것이다.

 이 시점에서 고대 이집트문명에서 우리에게 친숙한 람세스 2세와 투탕카멘의 흔적을 빼놓을 수는 없지 않은가.

 람세스 2세는 모든 파라오들의 롤 모델이었다. 그는 23세의 나이로 왕위에 오른 66년간 왕국의 영토를 가장 크게 만드는 등 가장 강력한 이집트 왕국을 건설하였다. 건축의 대왕으로 불릴 정도로 이집트 전역에 방대한 도시와 신전과 기념물을 세웠다. 이러한 건축물 중 하나로 자신의 업적을 기리기 위해 돌산을 깎아 아부심벨(Abu Simbel)신전(이 신전을 발견한 가이드의 이름을 따서 명명)을 세웠다. 신전 입구에는 거대한 람세스 2세의 4개의 거상들이 위풍당당하게 개미처럼 바삐 오가는 사람들을 내려다보고 있다.

 이 신전의 특이점은 신전의 가장 안쪽에 있는 4개의 신상은 항시 어둠 속에 있으나, 일 년에 두 번만은 아침 해가 신상의 전신을 비추게 설계했다고 한다. 1년 중 2월 22일(람세스 2세 즉위일)과 10월 22일(탄일)에 성소에 태양빛이 약 20분간 들어와 신상을 비추지만 어둠 신의 신상에는 이날에도 빛이 비치지 않는다.

람세스 2세는 모세가 이스라엘 민족을 출애굽 시킬 때 파라오로 10가지 재앙과 홍해가 갈라지는 경험을 한 사람이다. 통치 기간 중 그는 많은 부인을 두어 자식이 100여 명을 넘게 두었다는 설이 있다. 재위 25년 만에 첫 왕비 네페르타리가 죽고 그 뒤로 혈통을 중시하여 딸도 부인으로 맞아들였다고도 한다.

투탕카멘은 9세에 파라오가 되었으나 18살의 어린 나이로 세상을 떠난 비운의 소년 왕이다. 그의 무덤은 작고 초라해 보였으나 왕들의 무덤 중에서 단지 그의 므덤만이 유일하게 도굴꾼들의 손이 닿지 않아 3,000년 동안 원형 그대로 보존되었다가 1922년에 발굴되었다.
왜 투탕카멘은 가장 짧은 왕권으로 18세에 생을 마감하였을까? 투탕카멘 부모가 왕족의 혈통 유지를 위해 근친상간으로 선천성 유전병의 장애를 입고 태어났기 때문이었다.

카이로 고대 박물관에 소장되어 있는 금빛으로 말갛게 칠을 하고 생동감 있는 눈동자로 특징 지워지는 100kg 넘는 투탕카멘 황금 마스크를 관람하고 난 수많은 관람객들은 탄성을 자아낸다. 그의 무덤에서 걷기 힘들었던 투탕카멘이 사용한 150여 개의 지팡이가 발견되었고 가장 인기가 있는 황금 마스크를 포함해 5천 점이 넘는 유물을 꺼내는데도 3년이 걸렸다고 한다.

다음으로 카르낙 신전으로 발길을 돌려보자.

카르낙 신전은 기원전 16세기에 건립이 시작되었으며, 약 2000년에 걸쳐 여러 왕들에 의해 증축·개축되었다. 람세스 1세가 첫 번째로 이 신전을 건설하기 시작했고, 람세스 3세가 이 신전을 건축하는 데 큰 기여를 했다. 이 신전에는 태양신 아몬과 람세스 3세를 모시는 신전이 있다. 태양신 아몬을 통해 권력의 정당성을 부여받고 왕권을 강화하려 했다고 한다. 자기가 신과 같은 존재임을 보여주고 싶었지 않았을까 추정된다.

처음 카르낙 신전을 대하였을 때 그 어마어마한 규모에 깜짝 놀랐다. 당시 파라오들이 가진 권력이 얼마나 대단한지 가늠하기가 어려울 정도였다. 이집트인들이 자랑할 만한 걸작품이다.

이 신전의 가장 인상적인 특징 중 하나는 바로 거대한 기둥들이다. 이 기둥들은 둘레 8~11미터, 높이 15~23미터나 된다. 이 기둥의 꼭대기에는 사람 50명이 함께 설 수 있다고 할 정도로 대단히 크고 장대하다. 134개의 거대한 기둥들이 숲을 이루고 있다. 장관이었다. 이러한 기둥들은 창조의 신으로 알려진 아몬 신에게 바쳐진 제단과 회당을 지지하기 위한 것으로 여겨진다고 한다.

고대이집트의 유물들은 놀라움 그 자체이다. 특히, 피라미드는 건축물이 아니다. 이것은 하나의 종교이며 높디높은 하늘이다. 영험의 유물들이다.

 그런데 놀랍게도 이집트 유물들은 그리스, 로마 시대인 기원전부터 여러 가지 이유로 이집트에서 빠져나갔다고 전해진다. 이집트 유물들은 프랑스의 루브르 박물관, 영국의 대영박물관, 미국의 메트로폴리탄 뮤지엄 등에 흩어져 있다. 수많은 세월 동안 해외로 밀반출되지 않고 그것들이 온전하게 모두 이 땅에 남아있었더라면 이집트라는 나라가 현재 어떤 식으로 변했을지 상상이 되질 않는다. 그나마 남아있는 이만큼의 유물들. 이집트 사람들이 아니, 온 인류가 필사적으로 지켜야 할 대상, 그 커다란 숙제가 이곳에 담겨 있다. 이것은 온 인류의 유산이기 때문이다.

 그 시대 호령하던 파라오들은 무덤조차 도굴당하고 영원불멸의 내세로 들어갔을까.
 파라오들은 피라미드에서 잠들고 영생의 삶을 얻은 후 하늘로 올라가 별이 되지 않았을까.
 저승보다는 이승이 낫다고 부귀영화도 한순간일 뿐이지 않겠는가.

§

나의
이야기로
꾸민 빈소

유시민이 쓴 「어떻게 살 것인가」라는 책이 있다.

거기에는 죽음에 대한 그의 성찰이 담겨 있다. 그는 죽음에 대하여 다음과 같이 말하고 있다.

"죽음은 삶의 완성이다. 소설이나 영화, 연극과 마찬가지로, 삶도 결말을 가져야 한다. 결말이 어떻게 그려지느냐에 따라 스토리가 크게 달라진다.

나의 삶이 끝날 때, 나는 잘 준비된 죽음을 맞이하고 싶다. 장례식은 종종 살아 있는 이들을 위한 것으로 여겨지지만, 나는 나 자신을 위한 행사를 선호한다. 나의 삶과는 다른 특별한 방식으로 내 죽음과 장례를 준비하고 싶다. 내가 어떻게 살았는지와 마찬가지로, 어떻게 죽을지도 나만의 방식대로 준비하고 싶다."

나는 유 시민 작가의 의견에 공감하여 내가 죽었을 때 나의 이야기가 있는 빈소를 다음과 같이 꾸며보고 싶었다.

부고 발표 시에는 장례의 의미와 조문 방법을 미리 알린다. 발인 일시 및 장례식장을 공지하면서 "부친(가족)의 의사에 따라 부의금 및 근조화환을 받지 않습니다. 대신 저희 부친을 추모할 수 있는 전시회 및 다과를 준비하였습니다."

자, 그러면 우선 내 영정사진은 어떤 사진으로 할까?

내 생각에는 가족과 함께 행복한 순간에 찍은 환하게 웃는 모습으로 영정사진을 선택하는 것이 좋을 것 같다.

다음으로는 무엇을 입고 가야 할지 고민해 보자. 나는 항상 몸에 잘 맞는 옷을 즐겨 입는 편이기 때문에, 내가 편안하고 몸에 잘 맞아 즐겨 입던 옷을 선택할 것이다. 이렇게 되면 내 영정사진과 입을 옷에 대한 준비가 마무리되었다. 그런데, 이제 무엇을 더 준비해야 할까?

 나는 장례식장에 갈 때마다 한 번도 뵙지 못한 고인에게 명복을 비는 기도를 하는 것이 못내 아쉬웠다. 고인이 어떤 분이었고, 어떤 삶을 살아온 것인지를 알 수 있다면, 조문하는 동안보다 진심 어린 마음으로 기도할 수 있을 것이라고 생각한다. 이렇게 되면 더 의미 있는 조문이 될 것 같다.
 그래서 먼저 빈소 입구에는 나의 이력을 담은 액자를 하나 비치할 것이다. 이렇게 함으로써 조문객들이 내 삶의 여정을 엿볼 수 있도록 한다. 그 액자 바로 옆에는 나의 가족사진과 함께 다음과 같은 글을 함께 담아 둘 것이다.
 "나의 꿈은 훌륭한 남편과 아버지였고, 마지막 소원은 아들과 손자, 딸이 미치도록 행복하게 사는 것입니다."

 그리고 나의 삶을 조망할 수 있는 몇 장의 사진을 옆에 배치할 것이다. 그 사진들 옆에는 무엇을 두어야 할까? 나는 늘 좋아하는 세 가지 활동이 있다. 바로 '쓰기, 걷기, 사랑하기'이다. 그래서 이 세 가지 주제에 걸맞는 모습으로 내 마지막을 장식하려고 한다.

'쓰기'와 관련하여서는 평생 동안 빚어낸 나의 저술물들을 진열할 것이다. 나는 인생에 대한 교훈과 위로를 담은 수필을 써왔다. 수필 한 편, 한 편 완성될 때마다 내가 살아있다는 느낌을 주었다. 그동안 써온 작품들은 「행복하고 행복하고, 또 행복하라」, 「행복한 에세이」, 「나이로 스스로를 가두지 마라」, 「내 삶의 여백」, 「아부지! 술 한잔 하입시더!」, 「불타는 저녁노을」 등이 있다. 이들은 부끄러운 글이지만 용감하게 세상에 얼굴을 내민 것들이어서 이들을 보여드리려 한다.

게다가, 내가 평생 몸담았던 관세·통상 분야에 대해 집필한 전문 서적 8권 중 대표작인 「관세정책요론」을 수필집의 제일 마지막 공간에 비치할 것이다.

'걷기'와 관련하여서는 등산복 차림의 제 모습과 추억 어린 예쁜 길을 담은 사진 몇 장을 감상하도록 할 것이다. 내가 추억의 발자국을 남긴 예쁜 길로는 금오도 1길과 3길, 향일암, 보리암, 한라산, 지리산, 700 Village 둘레길, 인현왕후길, 그리고 금강수목원 뒷길 등이 있다.

그리고 사진 아래에는 다음과 같은 글을 적어둘 것이다.

"나는 침대에 누워 마지막을 맞지 않을 것이다. 백발머리를 질끈 묶고 지팡이를 짚은 채 이 산천을 돌아보고 싶다. 끝까지 걷다가 더는 걸을 수 없는 지경이 되면 어느 나무 그늘 아래 다리를 뻗고 조용히 쉬어가리라. 그 나무 아래에서 석양을 볼 수 있다면 더없이 행복했노라고 스스로에게 말해주리라.

주마등처럼 스쳐가는 숱한 영상과 잔영들이 있겠지만 모두를 다 떨쳐내고 오로지 하나, 지는 해를 바라보면서 슬며시 눈을 감으리라. 그것이 내 마지막 가는 길에 기울이는 술잔이 되리라."

'사랑하기'와 관련하여, 이웃 사랑하기를 제대로 하지 못하여 부끄럽지만, 병상의 아내를 사랑하는 데에는 최선을 다하였다고 생각한다. 사랑이란 아끼고, 위하여 정성과 몸을 다하는 마음이라고 생각한다. 그래서 나는 이런 마음으로 아내를 돌보는 모습을 담은 사진을 몇 장 선택하여 전시할 것이다.

그리고 아내와 아들, 딸, 손자에게 남기는 엔딩 노트를 작성하여 비치하고자 한다. 또한, 한 마디 덧붙이자면, 살아서 이 못난 사람 잘 챙겨준 사람들에게 내가 따로 봉투마다 흔들리는 필체로라도 편지 한 통을 남겨주고 선물 하나씩을 전하고 싶다. 특히, 아들과 딸이 세무사, 변호사, 의사 등 부담 없이 도움을 청할 수 있는 지인들에게 간절한 부탁의 편지를 잊지 않으려 한다.

내가 좋아했던 다섯 가지 시를 전시할 것이다.
「노을」「그 꽃」
「모든 순간이 꽃봉오리인 것을」
「무엇이든 최고가 되어라」
「내가 사랑하는 사람」

그리고 빔 프로젝터를 이용하여 추억의 가족 영상물을 보여줄 것이다.
또한, 내 애장품도 진열할 것이다. '볼펜, 만년필, 시계, 안경, 애독서 한 권' 등이다.

내 장례식에는 좋아하는 가수의 노래를 틀어놓도록 하겠다. 살아있을 때 가장 좋아하고 위로를 받았던 음악들을 선택할 것이다. 빈소 한 쪽 구석에서 음악이 잔잔하게 흘러나오도록 해서 죽은 내 귓가에 들려지기를 바라는 마음이다.
귓가에 들려지기를 바라는 노래로는 <이별의 노래>, <비목>, <내일>, <조약돌>, <내 하나의 사람은 가고>, <그저 바라다 볼 수만 있어도>, <10월의 어느 멋진 날에>, <인생은 미완성>, <가을을 남기고 떠난 사람>, <우리 앞에 생이 끝나갈 때>, <My way>, <위스키 온 더 락> 등을 선정하였다.

분향이 끝나는 곳에 방명록을 비치하여 지인들의 짧은 한마디를 기대한다. 아들과 딸이 내 기일 날 방명록을 펼쳐 보며 그리움에 잠길 것이다.

조문객들에게는 스텐딩 리셉션 방식으로 다과를 대접할 것이다. 또한, 찾아주신 조문객에게는 내가 평생 동안 쓴 글 중에서 독자들로부터 가장 사랑받았다고 생각되는 글들을 엮은 책을 따로 한 권 준비하여 장례답례품으로 드릴 예정이다.

마지막으로, 내 시신은 화장하여 '별 그리다' 양평 추모공원 묘지에 아버지와 어머니 그리고 동생과 함께 영면에 들어갈 것이다.

이 정도면 나를 추모하는 이야기가 있는 장례식이 될 것 같다. 그러나 아무래도 앞으로 더 많은 흔적을 남겨 나를 추모하는 장례식이 더 의미가 있도록 나를 잘 가꾸어 나가려 한다.

한 살, 두 살 더 먹을수록 삶과 죽음의 무게가 더욱 커져만 간다. 만약을 대비하여 살아 있을 때 자신의 장례식을 한 번쯤 생각해 보고 여건이 된다면 구체적으로 나의 이야기가 있는 빈소 꾸미기를 결정해두는 것은 어떨까?

변화의 순간,
나를 깨우다

2003년 4월 말에 나는 신용평가정보회사의 사장으로 취임했다. 처음 접한 회사는 전임 사장이 근 6년이라는 긴 기간 경영한 회사라서 직원들의 생각이 고정되어 있고, 역동적이지 않다는 인상을 받았다. 이 문제를 해결하기 위해 경영 경험이 부족한 저는 고향 선배인 LG 전자의 김 쌍수 전 부회장을 찾아가 조언을 구했다. 그는 변화의 중요성을 강조하며 "대표이사는 변화의 창조자(Chaos Maker)여야 한다."며 다음과 같이 말씀해 주셨다.

"여치가 주위의 변화를 세심하게 살피듯이 대표이사는 경영 환경의 변화를 항상 감지하고, 그 변화에 적응하여 회사를 신속히 변화시켜야만 회사가 살아남을 수 있다. 또한, 회사의 변화를 이루기 위해서는 직원들도 변화해야 한다. 그렇지 않으면 회사는 정체되어 경쟁력을 잃고, 회복하기 어려운 나락으로 곤두박질치게 될 수 있습니다."

이 조언을 받아들여, 신바람을 일으키기 위해 획기적인 변화를 시도하기 시작했다.

우선 새로운 변화를 주도할 젊고 유능한 과장들로 구성된 '젊은 이사회(Young Board Meeting)'를 설립하였다. 이들이 제안하는 사항은 대부분 수용하여 즉시 실행하였다.

젊은 과장들의 창의적인 아이디어는 회사 내에 새로운 활기를 불어넣었다. 몇 가지 도입된 변화 중, 예를 들자면, 6명의 임원 중 1명을 해임하여 임원들의 긴장감을 조성하고, 중요한 사안은 임원들 회의에서 공개토론을 통해 합의에 의한 의사결정 원칙을 도입하여 시행착오를 최소화하기로 하였다.

또한, 임원 회의 시간도 종래에는 9시에 시작하던 것을 토의 안건의 양에 따라 7시 30분이나 8시에 시작하여 9시까지 반드시 종료되도록 조정했다. 이로써 9시 이후에는 본연의 업무에 집중할 수 있도록 하였다.

이뿐만 아니라 대대적인 조직개편을 기하는 한편 전문 컨설팅 회사에 의뢰해서 전 직원에 대한 다면 평가와 광범위한 의견 수렴 등을 거쳐 회사 창사 이래 처음으로 부서장 그릇이 아닌 사람은 부서장의 보임을 해임하였다. 그 대신 능력 있는 사람들을 발탁해서 부서장으로 전격 기용하였다. 특히 젊은 과장들 가운데에서 능력 있는 과장들은 차장을 건너뛰어 부장으로 보임하는 등 대대적인 인사 혁신을 단행하였다.

내가 사장으로 재직할 당시에는 "실적이 인격이다."라는 말을 자주 언급했다. 이에 따라 업무성과에 따라 지급되는 성과급도 우수한 직원과 그렇지 않은 직원 간의 차별을 더욱 확대하여 지급하였다.

이러한 변화 노력의 결과, 내가 사장으로 취임할 당시 매출이 440억 원이었던 회사는 나의 재임 기간인 6년 8개월 후에는 매출이 1,440억 원으로, 영업이익 역시 5% 수준에서 14% 수준으로 껑충 뛰어올랐다.

이 실적은 변화가 낳은 산물이었다. 그런 변화를 계속 추진하다 보니 직원들이 저에게 별명을 붙여주었다. 그것은 바로 '혼수상태'였다. 이 별명이 붙게 된 배경은 다음과 같다.

어느 날, 직원들이 무기명으로 무엇이든 기고할 수 있는 노동조합 게시판에 한 편의 글이 올라왔다. 그 글의 제목은 "지금 박 상태가, 정상상태인가, 혼수상태인가"였다. 그 내용은 아래와 같았다.

"새로운 사장이 지금까지 다양한 변화를 주도하고 있습니다. 그러나 사실은 새 사장이 오기 전의 상태가 정상상태가 아니었기 때문에, 지금의 혼수상태가 오히려 정상상태입니다. 이 혼수상태가 우리에게는 시의적절한 것으로 느껴집니다."

이런 글 때문에 나의 별명이 혼수상태가 되었다. 하지만 이 글을 읽고 나니 변화에 많은 저항을 하던 직원들이 사장의 변화에 조금씩 동참하고 있는 것 같아 내 마음이 훈훈하였다. 그래서 나는 직원들이 붙여준 이 '혼수상태'라는 별명을 참 좋아한다. 내 이름이 박 상태라서 그런지 혼수상태라는 별명이 그냥 마음에 들었다.

혼수상태라는 별명을 얻어 가면서 역동적으로 회사를 위해 힘썼던 시절은 오랜 한 편의 영화를 보는 것과도 같다. 그러나 그 시절은 실적, 실적에만 너무 연연했었다.

나는 이제 서서히 늙어가고 있다. 미세먼지와 암이 만연하고, 재난과 비명횡사가 빈번한 세상에서 운 좋게도 70대 중반까지 살아온 것이다. 지난 30여 년간의 공직 생활과 10년간의 회사 생활, 그리고 법률회사에서의 10여 년간의 고문 생활을 회상해 보면, 공직 생활 때는 승진 욕심에, 회사 생활 때는 실적에, 그리고 고문 생활 때는 사건 수주실적에 연연하며 살아왔다.

사실, 가족을 부양하기 위해 물질적 풍요만을 추구하면서 몸부림쳤던 시간이 많다. 이로써 가족들을 뒷바라지할 수는 있었지만, 그런 과정에서 자신을 잊어버리고 지갑에 돈을 채우기 위해 살아온 게 아닌가 하는 뼈아픈 자책이 나를 휘감았다. 내 지난 삶은 어떤 의미에서는 떠밀려 살아온, 빛을 잃은 삶이 아닌가 싶다. 고위직 공무원, 사장, 그리고 법무법인 고문이 나의 본연의 모습이 아니지 않은가 하는 생각이 든다. 그렇다면 나의 진정한 모습은 어디에 있는 걸까?

직장 생활은 일정한 시간의 틀에 매인 삶이었다. 그러나 퇴임을 하고 나니 이러한 제약이 없어져서 참으로 좋았다. 나는 이제 나에 대해 차분히 들여다보는 사람이 되었다. 참으로 후회할 일들이 많았지만, 이러한 회한의 과정을 통해 내 인생에 대해서 조금씩 여유를 갖는 사람이 되었다.

승진과 실적에 매몰된 삶으로 인해 내 안에는 공허함이 컸다. 그러나 이제는 내가 좋아하는 것을 찾아 나섰다.

좋아하는 것으로 그 공허를 가득 채워 나가야 하겠다는 다짐을 했다. 그래서 욕심이 앞선다.

시간이 너무 아깝다는 생각이 든다. 하루하루가 너무 빨리 지나가는데, 이것은 걸어서 가는 것이 아니라 점프해서 가는 것 같은 느낌이다. 하지만 이 귀한 시간에 내가 좋아하는 일에 몰입하며 살아가는 것이 진정한 기쁨과 행복이지 않겠는가. 과거의 혼수상태에서 벗어나 이제 정상상태로 빨리 진입해야 한다고 느낀다. 그것은 바로 본연의 내가 살아 숨 쉬는 정상상태로 돌아가는 것이기 때문이다.

최근에 할아버지로 승진한 나는 내게 얼마나 여생이 남아 있는지 가늠하기 어렵다. 그 어느 누구도 그것을 알 수가 없다. 그래서 나는 이 세상을 첫날처럼 살고, 날마다 마지막 날처럼 정리하면서 살기로 다짐했다. 내 나이에 걸맞게 '내려놓음'이라는 말을 실천해야겠다고 생각한다. 하지만 내가 끝내 내려놓지 못하는 것이 있다. 그것은 글을 읽고, 글을 쓰는 일, 그리고 책을 출판하는 일이다.

책이 없는 집은 우물이 없는 것과 같다. 영혼이 없는 쓸쓸한 육체와도 같다. 추사 김 정희는 "가슴속에 만권의 책이 들어 있어야 그것이 흘러넘쳐서 그림과 글씨가 된다."라고 했다. 연애편지를 읽을 때 청년은 급하게 읽고, 중년은 차근차근 읽고, 노인은 읽고 또 읽는다고도 말했다. 책도 이와 같다.

책을 읽는다고 해서 삶이 갑자기 좋아지지는 않는다. 그러나 독서는 세계라는 책의 여행이며, 새롭게 태어나는 과정이기 때문에 그 속에서 글 읽고, 쓰는 작고 소박한 기쁨을 누리는 것이다.

 과거에는 이런 소박한 기쁨을 몰랐다. 승진과 실적에 매몰된 혼수상태의 삶을 살았기 때문이었다. 인문학과는 거리가 멀었다. 그러나 늦었지만 이제 내가 좋아하는 것을 찾았다. 그래서 요즈음 나 자신의 삶은 정상상태로 안착해 가고 있다. 혼수상태에서 정상상태로 옮겨가는 시간이 너무 늦었다고 생각하지만, 이제라도 좋아하는 것을 찾았으니 천만다행이다.

 내 삶에서 진실로 하고 싶은 일이 있다는 것은 축복이다. 나는 어차피 천재가 아니다. 따라서 읽고, 쓰고 또 읽고, 쓰고 하여 마법을 일으키는 수밖에 없다. 이제 살아있는 나의 모습이 보인다. 참 좋다. 앞으로 혼수상태라는 별명을 버리고, 정상상태에서 농익은 나 자신의 삶을 살아가고 싶다. 나 자신을 한없이 응원하고 싶다.

문신,
그때 중요한 것을
알았더라면

오늘 아침 출근길에 교대역에 도착해 시간이 남아 역의 양쪽 끝을 걸어 다니다가, 여름철이라 노출이 심해진 탓에 팔에 문신을 한 두 사람을 볼 수 있었다. 최근 20~30대 젊은 층 사이에서 문신이 증가하는 것은 확실한 트렌드이다. 문신은 더 이상 특정 계층에 국한되지 않고, 자기표현의 한 방식으로 널리 받아들여지고 있다. SNS와 대중문화의 영향으로 문신이 예술적이거나 개성적인 요소로 자리 잡으며, 특히 젊은 세대 사이에서 인기가 높아지고 있다.

　문신의 역사를 거슬러 올라가 보면, 조선 시대에도 문신이 행해졌다. 대표적으로 어우동이 자신과 관계를 맺은 남성들의 이름을 몸에 새긴 사례가 있다. 또 전쟁에 나서기 전, 병사들이 자신의 이름 등 인적 사항을 몸에 새기는 '부병자자(赴兵刺字)'라는 풍습도 있었다. 장수들은 사기를 북돋우기 위해 문신을 새기기도 했다. 연인이나 친구, 의형제끼리 실에 먹물을 묻힌 바늘로 살을 꿰어 새기는 '점상문신(點狀文身:점으로 찍듯이 바늘로 살을 뚫고 먹물을 묻혀 문신을 새기는 방법)'도 있었는데, 이 문신은 1960년대까지 유행했다. 어느 효자는 부모를 여읜 슬픔에 하늘에 맹세하는 글 132자를 무릎에 문신으로 새기기도 했다.

　문신은 시대를 넘어서도 다양한 목적과 의미로 자리해 왔으며, 우리나라에서는 20세기 말부터 자기표현이 강조되기 시작했고, 일부 애호가들 사이에서 문신이 문화와 예술의 한 장르로 인식되기 시작했다. 1992년, 눈썹이 없거나 희미한 사람들을 위한 눈썹 미용 문신이 의료 행위로 인정된 후 문신이 유사 의료 행위로 분류되었고, 시술은 의사 면허를 가진 사람만 할 수 있게 되었다. 그러나 음성적으로 문신 시술을 하는 전문가들이 점점 늘어나고 있다. 이와 함께 전통적이고 상투적인 문양에서 벗어나, 자신이 선택한 이미지를 다양한 색깔로 표현하는 경향이 나타나고 있다.

문신 디자인은 매우 다양하며, 개인의 취향에 따라 달라진다. 별이나 하트 같은 상징적인 문양, 새나 나비 같은 동물 문양, 장미나 연꽃 같은 꽃 문양, 생일이나 기념일 같은 숫자 문양, 신념이나 특별한 의미를 담은 문구나 글귀 문양, 그리고 사랑하는 사람의 얼굴을 새기는 얼굴 문양 등 다양하게 존재한다. 각 디자인은 개개인의 취향과 의미에 따라 독특하게 표현된다.

이러한 문신이 주로 새겨지는 신체 부위로는 손목, 발목, 등, 어깨, 허리 등이 있다. 특히 작고 세련된 디자인으로 팔이나 손목에 문신을 새기는 경우는 미니멀한 스타일을 선호하는 사람들에게 인기가 높다. 또한 유명 연예인이나 스포츠 선수들이 문신을 한 모습이 자주 노출되면서, 이를 따라 하는 젊은 층이 늘어나고 있다. 문신을 새기는 사람들 중에는 단순히 아름다움을 위해서뿐만 아니라 실용적인 이유로 문신을 하는 사람들도 많다. 흉터를 가리기 위한 문신이나 눈썹 모양을 보완하는 미용 문신이 이에 해당한다.

현대 성형수술로 대부분의 흉터를 지울 수 있지만, 흉터의 크기나 모양에 따라 문신을 새기는 것이 더 저렴한 경우도 있기 때문에 성형수술 대신 문신을 선택하는 사람들이 늘어나고 있다.

외국과 마찬가지로 국내에서도 문신이 과거에 비해 대중화되고 있다. 보건복지부가 2021년 10월 국회 입법조사처에 제출한 자료에 따르면, 전국 문신 시술자는 약 35만 명, 문신 이용자는 1,300만 명에 달하는 것으로 추정하였다. 한국타투(문신)협회는 국내 문신 시장 규모가 약 1조 2천억 원에 이를 것으로 추산하고 있다. 비의료인의 문신 시술이 불법이기 때문에 정확한 통계는 어려운 상황이지만, 문신이 점차 대중화되고 있는 것은 분명한 사실이다.

문신이 대중화되고는 있지만, 한편으로 문신을 한 후 후회하는 사람들도 점점 늘어나고 있다. 우리가 일상에서조차 말 한마디로 후회하는 경우가 많은데, 몸에 평생 지워지지 않는 잉크를 새겨 60년에서 70년 넘게 안고 가야 하는 문신은 정말 후회하지 않을 수 있을까? 대한피부과학회에 따르면, 문신을 시술한 사람들 중 55%가 문신을 제거하고 싶어 한다고 한다. 그 이유로는 타인의 불편한 시선(32.5%)과 취업, 결혼 등 사회적 제약(38.2%)이 주를 차지하고 있다. 하나하나 살펴보자.

타인의 시선이다.

문신을 한 후 가장 큰 스트레스는 타인의 곱지 않은 시선이다. 취업 면접이나 일상생활에서 문신으로 인한 불편한 시선을 받는 경우가 많다. 일명 '조폭 문신'이라 불리는 대형 문신을 전신이나 일부 부위에 넓게 새긴 사람들을 보면, 아직도 공포감을 느끼는 이들이 많은 것이 사실이다. 한 설문 조사에 따르면, 문신을 불량스럽거나 혐오스럽게 느낀다고 답한 비율이 응답자의 60%에 달한다고 한다. 자신의 개성을 표현하기 위해 문신을 선택했지만, 타인에게 주는 위압감이나 혐오감을 피할 수 없는 현실이다.

한 사례로, 일부 호텔 수영장에서는 문신이 있는 고객이 문신을 래시가드(Rash Guard; 피부를 보호하는 기능성 의류) 등으로 가려야만 입장이 가능하다고 한다. 또한, 결혼을 앞둔 젊은 여성들이 웨딩드레스를 입기 위해 문신을 제거하는 경우도 늘고 있다. 실제로 문신 제거 전문 업체 '리무버리'에 따르면, 문신을 제거하러 오는 고객 중 상당수가 결혼을 준비하는 신부들이라고 한다.

문신을 할 당시의 상황과 현재의 여건이 달라졌기 때문이다.

예를 들어, 전 여자 친구에 대한 사랑을 표현한 문신이 그 대표적인 사례이다. 연인의 이름을 문신으로 새기는 것은 로맨틱해 보일 수 있지만, 이별 후에는 그 문신이 후회의 상징이 된다. 실제로 20~30대 젊은 층에서 옛 연인의 이름을 문신했다가 이별 후 이를 지우기 위해 피부과를 찾는 사람들이 늘어나고 있다고 한다.

 건강에 좋지 않은 영향이다.
 문신은 생물학적으로 건강에 그다지 좋은 행위는 아니다. 피부는 땀을 배출해 체온을 조절하는 중요한 역할을 한다. 그런데 문신은 피부에 일종의 독성 물질을 주입하는 것이기 때문에 체온 조절 능력을 떨어뜨려 체력 회복을 더디게 만들 수 있다. 또한, 문신 시술 과정에서 발생하는 통증, 시술 후 피부에 주입된 색소로 인한 트러블, 감염 위험 등의 부작용으로 인해 후회하는 사람들도 적지 않다. 특히, 비의료인이 시술하는 문신은 이러한 부작용의 주범이 될 수 있다. 국회 입법조사처의 2021년 발표에 따르면, 당시 우리나라 비의료인 문신 시술자는 약 35만 명으로 추산되었는데, 이들에 의해 발생하는 부작용은 더 큰 문제를 일으킬 수 있다. 일반인은 그나마 괜찮을 수 있지만, 몸이 자산인 운동선수라면 문신이 미치는 부정적인 영향은 더 크다. 실제로 독일 스포츠 연구팀이 발표한 연구에 따르면, 문신을 한 축구 선수의 기량이 3~5% 감소한다는 결과가 있었다. 그럼에도 불구하고, 아이러니하게도 운동선수들 사이에서 문신 비율은 일반인보다 더 높다. 한편, 옷을 입었을 때 드러나는 부위에 문신을 한 경우, 외향적이거나 공격적인 성향을 가진 사람들이 많다는 연구도 있다.

결혼 후 자녀나 손주에 대한 걱정이다.

실제로 "미래에 내 손주가 문신을 보고 '할머니, 양아치야?'라고 물을까 봐 두렵다."라는 할머니들의 솔직한 고백도 있다.

잘못된 문신 선택으로 낭패를 겪는 경우가 적지 않다.

원하는 문신을 했지만 결과가 기대와 다를 때도 낭패를 겪는다. 문신을 충동적으로 하거나 충분한 고민 없이 디자인을 선택한 경우, 시간이 지나 그 디자인이 마음에 들지 않아 후회하는 일도 흔하다.

앞서 기술한 것처럼 문신은 다양한 이유로 인기를 끌고 있지만, 건강과 사회적, 개인적 변화 등을 고려하지 않으면 후회할 가능성도 높다. 그러하기에 국내에서는 여전히 문신에 대한 찬반 논란이 이어지고 있다. 문신이 개성을 표현하는 수단이라는 의견이 있는 반면, '이레즈미(일명 '조폭 문신'으로 불리며, 야쿠자 문신을 가리키는 일본어)'와 같은 과도한 문신이 혐오감을 불러일으킬 수 있다는 지적도 있다.

문신을 새긴 사람들을 비난하고 싶은 마음은 전혀 없다. 문신이 개인의 삶에서 중요한 의미를 갖고 있고, 충분한 고민 끝에 내린 결정이라면 문신은 자기표현의 멋진 방식이 될 수 있다. 예술적이고 창의적인 문신을 통해 자신의 정체성을 드러낼 수도 있다. 그러나 충동적인 결정이나 타인의 영향을 받아 문신을 하는 것은 피해야 한다. 특히 직업적, 사회적 제한이 있을 수 있거나 후회할 가능성이 높으면 더욱 신중하게 생각해야 한다. 문신은 평생 남을 수 있는 것이므로, 후회를 줄이기 위해 충분한 시간과 깊은 고민이 필요하다.

 문신을 한 사람은 종종 평생 자신의 '평범함'을 증명해야 한다는 이야기도 있다. 결혼할 때 배우자가 문신이 있다고 하면 꺼리는 사람들이 있을 수 있으며, 취업에서도 일정 부분 불이익이 따르는 경우가 있다. 문신을 하고 나중에 지우면 된다고 생각할 수도 있지만, 완벽하게 제거하는 것은 쉽지 않다고 한다. 잔상이나 흉터가 남는 경우가 많기 때문이다. 따라서 문신을 하기 전에 한 번 더 생각하고 신중하게 결정하는 것이 중요하다. 문신을 하기 전에 중간 단계로 문신 스티커(문신보다 지워지기 쉽고 때수건이나 손으로 쓱쓱 문지르면 지우개 똥처럼 없어지는게 특징이며 몸에 그렇게 나쁘지 않은 것)나 헤나(Henna, 시간이 지나면 점점 희미해지다가 사라지는 것)로 한 번 시도해 보는 것도 한 방법이다.

 결국 문신을 할지 말지는 개인의 선택이지만, 그 결정을 내릴 때는 충분히 고민하고 미래의 가능성까지 고려하는 것이 현명한 판단일 것이다.

221

§

어머니에게 띄운 마지막 손 편지

살아가면서 대부분 우리는 자신보다 타인과 소통한다. 하지만, 가장 순수하게 나 자신과 소통하는 방법은 홀로 쓰기나 어머니에게 쓰는 편지 같은 것일 것이다. '사랑하는 어머니'로 시작하는 편지는 어떤 가식도 없이 순수한 마음으로 쓰여있을 테니까...

어머니를 떠올릴 때 왜 이렇게 가슴이 뭉클할까? 누군가의 딸로 태어나 누군가의 아내로 살다가, 누군가의 어머니, 할머니로 나이를 먹어가는 여성의 삶 속에서 가장 소중한 이름은 어머니일 것이다.

어느 날, 병원에 입원 중이던 어머니가 88번째 생일을 맞이하게 되었다. 어머니를 위해 무엇을 해드려야 기쁘실지 고민하던 중, 손으로 쓴 편지와 특별한 용도에 쓸 수 있는 돈 봉투를 드리기로 마음먹었다. 나이가 들면 추억 속에서 산다는 말이 있는데, 이제는 눈물이 많아진 아들이 이른 아침에 어린 시절로 돌아가듯 눈시울을 적시며 편지를 썼다. 어머니를 일찍 여의신 분들께 송구한 마음을 가지고 아래에 나의 어머니에게 보낸 손 편지를 소개한다.

사랑하는 어머니에게

제가 해군 장교 후보생 훈련 시절 '부모님 전상서'로 시작하는 편지를 보내기도 하였지만 어머니 혼자에게만 쓰는

편지는 이번이 처음이네요. 어쩐지 어색하고 쑥스럽습니다. 이 어색함과 쑥스러움은 저의 불효와 비례하는 것이겠지요.

 아버지가 이승을 떠나신지 벌써 3년 차 되어 가는군요. 아버지 살아계시던 근 10여 년 동안 병수발을 하시느라고 얼마나 힘드셨습니까? 그때 어머니의 마음과 몸은 지칠 대로 지쳐 거의 탈진 상태였을 것입니다. 그런 고달픔이 지나가자마자 어머니마저 뇌경색이라는 병을 얻어 입원하시게 되니 눈물이 앞을 가립니다. 병석의 어머니를 뵈오니 힘든 세월을 살아오신 어머니를 잘 모시지 못한 후회가 엄습하여 말문이 막힙니다.
 저는 자식 둘 키워내는데도 아우성이었는데 어머니께서는 자식 여섯을 어떻게 감당하셨는지요? 어머니 가슴에 서리 내리듯 수많은 걱정 속에서 여섯 자식을 키우셨을 터인데. 이제 1년 반이 지나면 구순을 맞이하시지만 아직도 자식들 걱정에 밤잠을 못 이루시는 것을 알기에 마음이 무겁습니다.
 저는 어머니의 깊은 마음을 다 헤아리지 못하지만 어머니는 세상에서 나보다 더 나를 사랑하시고 나보다 더 나를 잘 알고 계실 것입니다. 이제 나이가 들 만큼 들어가니 어머니의 깊은 사랑이 더더욱 크게 제 가슴에 사무쳐 옵니다.

언젠가 제가 어머니가 오랫동안 살아오셨던 광장동 아파트에서 어머니와 단둘이 하룻밤을 보낸 적이 있었지요. 그날 저녁 어머니는 맛깔스러운 밥상을 차려주셨습니다. 가지무침과 고춧잎나물, 밀가루에 묻혀 찐 고추, 뜨거운 물에 살짝 데친 두부와 양념장, 된장찌개 등 모두 제가 좋아하는 반찬들이었습니다. 잡곡밥 한 공기는 물론 제가 즐기던 공주 밤 막걸리도 어머니는 잊지 않으셨습니다. 그때 어머니의 사랑이 듬뿍 담긴 밥상을 받아 보고 코끝이 찡해 왔었습니다. 어머니가 "이거 먹어봐라, 저거 먹어봐라" 하시면서 저를 챙기시던 어머니에게는 아직도 저는 어린 아들에 불과했습니다. 어머니를 행복하게 해드리려고 하룻밤을 함께 보내고 싶었는데 오히려 제가 행복했었습니다. 앞으로 어머니와의 새로운 소중한 추억들을 많이 만들어 제 가슴속 여기저기 묻어두고 싶습니다.

제가 그동안 살아오면서 어머니에게 여행다운 여행 한 번 제대로 모셔보지도 못했고, 좋은 음식점에서 맛 나는 음식 한 번 대접하지 못하였으며, 보약 한 첩 지어드리지 못한 불효가 막심하여 차마 고개를 들지 못하겠습니다. 이제는 어머니를 잘 모셔야지 하고 마음을 다지고 있는데 어머니가 기다려 주시지 않으시고 병석에 누워 계시게 되어 여행은 생각조차 할 수 없으시고, 식사는 코줄로 유동식을 드시게 되어 음식도, 보약도 못 드시니 불효자인 이 자식의 두 큰 눈에 눈물이 앞을 가립니다.

 불교에서는 태어나기 전 세상과 지금 세상 그리고 죽은 뒤 세상이 있다고 하잖아요. 그렇게 생각하면 어머니는 전생에서 저희 자식들에게 빚을 많이 졌을 것 같아요. 그래서 그 빚을 갚기 위해 저희 어머니로 오셨어요. 어머니는 여섯 자식들을 키우시면서 전생에서 진 빚을 다 갚고도 남을 정도로 많은 고생을 하셨을 게 분명합니다. 다음 세상에서는 저희들이 어머니에게 진 빚을 갚기 위해 어머니를 만나게 될 거로 생각합니다. 그렇게 세상이 바뀌면서 돌고 돌았으면 좋겠어요.

 오늘 어머니 탄일을 맞아 어머니에게 생일상을 차려드릴 수가 없어 궁리 끝에 생일선물로 돈을 조금 담은 봉투를 마련했으니 생활고로 힘들어하는 제주도 여동생에게 어머니 이름으로 전해주세요. 이로 인해 어머니 마음이 조금이라도 기쁘시길 바랍니다.

 어머니!
88년 전 오늘 어머니가 태어나 주셨음에 감사드립니다. 꿈 많던 소녀 시절, 꽃보다 더 아름다운 처녀 시절, 그 누구보다도 더 열심히 살아내신 중년 시절, 한없이 외롭고 서러우셨을 노년 시절을 잘 지내오셨습니다.

새삼스럽지만 저희들 낳고 길러주셔서 감사드립니다.

이제 어머니의 황혼 시절은 제가 잘 모셔야 하나 때를 놓친 것 같아 안타깝습니다.

저에게 이 아름다운 세상을 살게 하신 위대한 나의 어머니 감사합니다.

그리고

"사랑합니다."

아주 많이 많이요.

부디 오래도록 강건 또 강건하소서.

2018. 4.17

둘째 올림

내가 쓴 손 편지를 조용히 들으시던 병상의 어머니 눈가에 이슬이 맺히셨다. 편지를 읽는 나와 들으시는 어머니, 우리 모두가 그 손 편지로 인해 무척 행복했었다. 그날 이후로 어머니는 간병인에게 하루에 한 번씩 제 손 편지를 읽어달라고 하셨다고 한다. 간병인은 어머니가 편지 내용을 다 읽고 나면, 그 편지를 어머니의 가슴 위에 다소곳이 올려놓고 두 손으로 감싸 안으며 무척 행복해하셨다고 전해주었다.

어머니는 항상 우리를 사랑으로 키워주셨기에, 이제 우리가 그 사랑의 빚을 조금이라도 갚아야 한다고 생각한다. 이것이 인간 사회의 윤리이고, 하늘의 법칙이다. 이것을 깨닫고 잘해 드리려 하나 어머니가 기다려 주시질 않으셨다. 이렇게 어머니를 먼 길 떠나보내고 나니 후회의 쓰나미가 밀려온다. 어머니가 돌아가시고 나서 울기보다는 그 전에 "고맙고, 사랑한다."고 자주 말씀드렸어야 한다. 시간은 기다려주지 않는다는 사실을 잊지 말았어야 한다.

지금이라도 이 모양 저 모양으로 우리의 마음을 전할 때이다. 미하엘 엔데 (Michael Ende, 1929.11~1995.8, 독일인)는 그의 대표작 「모모:Momo」에서 이렇게 말했다. "나누지 않으면 나를 망치는 재산이 두 가지 있는데, 그것은 바로 행복과 시간이다."

나는 어머니의 88번째 탄일 이후 어머니와 함께하는 행복한 시간을 가지기 위해 병문안을 자주 갔었다. 하지만 시간은 정말로 기다려주지 않았다. 내 어머니는 2022년 8월 8일 이승을 떠나셨다.

어머니가 이승을 떠나신 분들을 위해 '하늘 우체국'을 소개해 드리고 싶다. 최근 인터넷에서 '서울추모공원'을 검색하다가 우연히 '하늘 우체국'을 접하게 되었다. 이 우체국은 망자에게 보내는 편지들을 관리하는 사이버 공간이다. 이 사이버 공간에는 부모님께, 아내에게, 가끔은 친구나 자식에게까지 이승에서 저승으로 보내는 편지들이 가득 차 있다. 이 하늘 우체국을 통해 고인과 재회를 할 수 있다. 그 편지 내용들은 너무나도 슬프기 때문에 눈물이 나올 지경이다.

 어머니가 이 세상에 계시지 않더라도 어머니의 탄일이나 기일에 하늘 우체국을 통해 편지를 한 통 보내보는 것은 어떨까? 아니면 어머니의 묘지 앞에서 편지를 읽어드리면 어머니께서 분명히 행복해하실 것이다. 이를 위해 은퇴한 대학 후배 교수가 6년 전에 이승을 떠난 어머니에게 하늘나라로 보낸 편지 내용을 소개한다.

 보고 싶은 어머니

 어머니가 사무치게 그립습니다.
 어머니, 지금 어디에 계십니까?
 하늘나라에서 단 5분 만이라도 휴가를 나오시면 안 될까요?
 어머니의 영혼이 따스하게 저의 주위를 감싸고 있는 듯한 이 느낌...
 젖 내음 나는 어머니의 품 인양 반가이 안겨봅니다.
 어머니가 보고 싶었다며 펑펑 울어보고 싶어요.
 어머니! 제 어머니 되어 주셨던 긴 세월 동안, 저 때문에 힘드셨던 시간들, 그 상한 가슴 너무나 송구합니다.

저를 용서하시고. 그리고 웃어주세요.
어머니 아들로 태어난 인연, 정말 행운이었습니다.
정말 감사합니다.
그리고
사랑합니다.
어머니!

 어둠이 되어서야 비로소 빛의 소중함을 깨닫듯이, 어머니가 이 세상을 떠나신 후에야 어머니의 존재를 더 크게 느끼게 되었다. 어머니가 벗어 놓고 간 그림자가 집안 곳곳에 짙게 드리워져 있다.
 어머니!
 보고 싶어요.

사랑과 희생의 기념비, 타지 마할

세상에서 무덤이 아름다울 수가 있을까?

그렇다. '타지 마할(Taj Mahal)'이 바로 그런 예(例)이다. 이것은 남자의 사랑 기념비로서 특별한 아름다움을 지니고 있다.

'타지 마할'은 페르시아어로서 '왕국'이라는 뜻을 지니고 있다. '마할'이 '궁전'을 의미하기는 하지만, '타지 마할'이란 이름은 무굴제국의 제5대 황제인 '샤 자한(Shah Jahan, 1592~1666)'의 부인 이름인 '뭄타즈 마할(Mumtaz Mahal, 1593~1631)'에서 유래되었다.

45년 전, 공무원 시절에 남부 인도 델리로 출장을 갔던 적이 있었다. 그때 인도 북부 아그라(Agra)에 있는 '타지 마할'을 보고 싶었지만 일정상 다음으로 미루었었다. 수십 년이 지난 최근에야 아들과 함께 다녀와서 기쁨이 한층 더했다.

타지 마할은 황제 샤 자한이 남부 인도 데칸고원으로 출정을 간 사이 그의 황후인 뭄타즈 마할이 15번째 왕자를 출산하다가 숨지자, 그녀를 기리기 위해 세상에서 가장 아름다운 무덤을 만들었다. 당시 뭄타즈 황후의 나이는 38세였다.

뭄타즈 황후는 죽기 전에 '세상에서 가장 아름다운 무덤'을 만들어 달라고 요청했으며, 또한 다른 여성은 사랑하지 말 것 등의 유언을 남겼다고 한다.

문헌에 따르면 뭄타즈 황후는 절세미인은 아니었다고 한다.

오히려 외모로 치면 다른 황후들에 비해 평범했다고 한다. 그런데 뭄타즈는 샤 자한의 마음을 가장 잘 알아주는 황후였다고 한다.

일화가 전해지는데, 바로 이렇다. 샤 자한이 전쟁으로 골치가 아파서 잠을 설치다 일어났는데 그때 물 한 모금 딱 마시고 싶다고 생각을 하며 고개를 들었는데 뭄타즈 황후가 그때 물그릇을 들고 옆에 있었다고 한다. 그때부터 샤 자한은 뭄타즈 황후를 출정 때마다 데리고 갔고 뭄타즈 황후도 위험해서 따라가지 않을 수도 있었지만 기꺼이 샤 자한 황제를 따라나섰다고 한다. 이것이 샤 자한 황제가 그녀를 그토록 사랑한 이유 중 하나이다. 타지 마할은 이처럼 사랑과 애정의 표현으로 탄생하였다.

타지 마할 궁전의 정문을 들어서는 순간, 멀리 눈앞에 서 있는 화사한 무덤을 발견했다. 그 모습에는 절로 탄성이 나왔다. 네 기둥에 둘러싸인 궁전, 타지 마할의 하얀 지붕과 돔은 멀리서 보기에도 눈을 끌었고, '인류가 지상에 남긴 한 알의 진주' 또는 '세상에서 가장 아름다운 무덤'이라는 말이 떠올랐다. 갑자기 세상이 모두 순수하고 아름다워 보였다. 탁 트인 벌판과 푸른 하늘 사이에서 선녀들이 노는 요술 궁전 같았고, 하늘의 짙은 코발트빛이 그렇게 강렬했다. 타지 마할은 코발트하늘 한가운데에 하얀 빛을 반사하며 찬란히 빛나는 유리알처럼 보였다. 정문에 들어서자 눈앞에 나타난 신비로움에 한동안 멈춰서 있었다. 자신의 사랑을 이렇게 멋지게 기념할 수 있다면, 그보다 더한 축복이 어디에 있을까?

 타지 마할은 페르시아 건축가가 설계했으며, 터키, 이탈리아, 프랑스 최고의 장인들이 숱하게 동원되었다. 중국과 러시아에서 가져온 건축자재는 코끼리가 운반했고, 2만여 명이 동원되어 22년 동안의 공사 끝에 1653년에 완공되었다.
 타지 마할은 1983년에 '이슬람 예술의 보석'이라는 찬사를 받으며 유네스코 세계문화유산으로 지정되었다. 2007년에는 세계의 경이적인 문화유산 7개 중 하나로 선정되어 더욱 유명해졌다. 이 궁전은 인공으로 만든 기단 위에 67m 높이의 양파 돔과 40m 높이의 4개 첨탑, 그리고 아치형 벽감(Arch-shaped niche:벽면에 아치 모양으로 움푹 들어간 부분, 정교한 장식과 대칭미를 강조하는데 쓰임)으로 온몸을 치장하고 있다. 이것은 마치 천상의 궁궐을 상징하는 것으로 보인다. 궁궐 가운데에는 뭄타즈 마할의 관이 있고, 그 서쪽에는 샤 자한의 관이 위치하고 있다. 그러나 실제로 관은 허당(虛堂)이라고 하며, 진짜 관은 지하에 있다고 한다.

 타지 마할은 인도를 대표하는 랜드마크 중 하나로, 그 아름다움은 다양성의 산물이다. 이 궁전에서는 완벽한 좌우 대칭과 상감기법으로 장식된 기하학적인 패턴들에서 이슬람 문화를 발견할 수 있을 뿐 아니라 연꽃 모티브를 많이 사용한 점에서 힌두교의 흔적도 찾을 수 있다. 네 개의 첨탑과 수로를 따라 나뉜 8개의 정원은 완벽하게 대칭을 이루고 있으며, 정원 설계에도 여러 문화권의 영향을 받아 독특한 양식을 형성했다.

상감기법은 다양한 재료를 사용하여 표면을 만들어내는 기술로, 타지 마할의 상감기법은 다양한 종류의 보석, 유리, 돌, 그리고 다른 색상의 대리석을 사용하여 다채로운 장식을 만들어 냈다. 대리석에 문양을 새겨 파낸 뒤 그 홈에 여러 색깔의 보석을 끼워 넣는 기법이 적용되었다. 또한, 순백의 대리석으로 치장한 타지 마할은 일출과 일몰, 보름달이 뜬 날 등 시간에 따라 건물의 빛깔이 달라진다.

타지 마할은 사진과 영상으로 봐서는 그 위용을 충분히 느끼기 어려운데, 이는 직접 눈으로 볼 때에만 무굴제국의 융성과 샤 자한 황제와 뭄타즈 황후의 '불멸의 사랑', 그리고 아무도 거역할 수 없는 권력과 압도당할 수밖에 없는 '부'를 느낄 수 있기 때문이다. 이런 점에서 타지 마할은 단순한 무덤이나 궁전, 건축물로만 보기보다는 권력과 부, 그리고 불멸의 사랑이 만들어낸 불가사의라고 할 수 있다.

하지만 사랑과 부, 권력도 결국엔 유한하며, 너무 극진한 사랑은 결국 집착이 될 수도 있다. 그렇지만 이러한 강렬한 사랑이 타지 마할이라는 불가사의를 만들어낸 것이라고 생각한다. 타지 마할은 세계인들에게 불멸의 사랑의 메타포(Metaphor:영원하고 깊은 사랑을 비유적으로 나타내는 표현)로, 영원하고 깊은 사랑을 비유적으로 나타내는 표현으로서 시공간을 초월하여 감동을 선사하는 존재로 인식된다.

 타지 마할의 아름다운 현대적인 인식과는 달리, 이 건축물의 건립에는 수많은 희생과 고통이 뒤따랐다. 약 2만 명이 넘는 이들이 이 건축 프로젝트를 위해 동원되었고, 이 과정에서 많은 사람들이 죽거나 부상을 입었다. 샤 자한 황제는 이를 위해 세금을 무리하게 징발하여 백성들에게 큰 고통을 강요했다.
 뿐만 아니라, 타지 마할의 건축가들은 자신들의 건축 기술을 보호하기 위해 극단적인 조치를 취했다. 비슷한 건축물이 다시 만들어지지 않도록 기술과 비밀을 유지하기 위해 건축에 참여한 사람들의 눈을 뽑거나 손목을 자르는 등의 혹독한 조치를 했다.

 이러한 애환과 고통들은 타지 마할의 아름다움 뒤에 있는 그림자와 같이 숨겨져 있다. 이러한 역사적 사실들은 건축물이 보다 넓은 맥락에서 이해되어야 한다는 것을 상기시켜준다. 백성의 피와 땀이 깃든 타지 마할은 그 뒷이야기를 알지 못하고 보면 단순히 아름답기만 한 것으로 여겨질 수 있다. 건축물의 아름다움은 종종 희생과 고통으로부터 탄생하며,

이러한 이야기들은 우리가 미래에 동일한 실수를 반복하지 않도록 경각심을 일으키는 데 중요한 역할을 한다.

그렇기에 황제는 그 비극적인 대가를 치렀다. 황제가 아버지로부터 권력을 빼앗은 것처럼, 그 자신도 아들에게 폐위되고 말았다. 다른 부인으로부터 낳은 아들인 아우랑제브가 '타지 마할을 짓는 데 국고를 탕진한 사치스러운 미친 황제'라는 이유로 반란을 일으켜 왕위를 찬탈했다. 아우랑제브는 아버지를 아그라 성의 감옥에 유배시켰다. 이 감옥은 야무나 강변을 따라 타지 마할과 약 2km 떨어져 있는 곳으로 붉은 사암으로 만들어진 성벽으로 유명하여 '붉은 성'으로 불린다. 아그라 성의 감옥에서는 타지 마할이 바로 보였다. 샤 자한은 8년 동안 아내의 무덤만을 바라보며 살다가 마침내 숨을 거두었다. 황제는 자신이 지은 타지 마할을 바라보면서 죽은 아내를 회상하며 자식에 의해 가두어진 생을 살다가 그 끝을 맞았다. 황제는 정말 T.S. Eliot이 말한 대로 '꿈과 욕망을 뒤섞으며' 서서히 삶을 마감했는지도 모른다.

아름다운 문화유산은 우리에게 영감을 주고 우리의 역사와 정체성을 반영한다. 그러나 종종 이러한 아름다운 건축물이나 유물들은 짙은 슬픔의 그림자를 안고 있다. 그 그림자는 때로는 인간의 고통과 희생, 혹은 사회적 불평등과 연관되어 있다. 이러한 그림자는 우리가 그 아름다움을 감상하면서도 반성하고 사유할 수 있는 기회를 제공한다. 그림자 속에 숨겨진 이야기들을 발굴하고 과거와 현재를 연결시키는 것이 우리의 책임이다.

사랑으로 쌓아 올린 가장 사치스러운 건축물, 400년 전 석공의 숨결이 곳곳이 살아있는 남의 나라 궁전 유산을 둘러보고 나서 난 무언가 초라함을 많이 느꼈다. 그 이유는 까닭 모를 슬픔이었다. 문화와 철학의 콤플렉스를 느끼지 않을 수가 없었다. 거대하고 화려한 유산 앞에서 어쩐지 내 나라의 문화 유산이 너무나 작고 왜소하게 느껴졌다. 그 순간 나는 과거의 내 나라가 무엇을 했는지를 가슴 아픈 감정으로 뒤돌아보게 되었다. 이런 감정은 나에게 내 나라의 역사와 문화를 더 깊게 이해하고 소중히 여기게 만들어 준다.

우리는 굳세게 주장한다. 우리 문화는 세계적이다. 찬란한 5,000년의 자랑스러운 우리의 문화. 그러나 이것이 정말 그런지에 대해 의문을 품을 수도 있다. 우리의 문화가 세계적인지, 그리고 그것이 얼마나 큰지에 대해 다시 한번 생각해 보게 한다.

찬란한 5,000년의 자랑스러운 우리의 문화. 그럴까? 정말 그럴까?

§

디지털 삼매경, 책을 다시 찾다

나는 퇴근길에 주로 전철을 이용한다. 전철 안의 사람들은 모두 핸드폰에 빠져 있다. 이어폰을 귀에 꽂고 영화를 보거나, 고스톱이나 게임에 열중하고 있는 사람들, 연인이나 친구에게 메시지를 보내는 사람들, 시시각각 전해지는 뉴스를 검색하거나 이메일을 확인하는 사람들. 남녀노소 할 것 없이 대부분이 마치 북한군이 남침해서 바로 옆에서 대포를 쏴도 눈 하나 깜짝하지 않을 정도로 휴대폰에 몰두해 있다.

십여 년 전만 해도 전철에서는 승객들이 책이나 신문을 읽는 모습을 볼 수 있었지만, 요즘은 거의 모든 사람들이 휴대폰을 보고 있는 모습에 익숙하다. 예전에는 독서 삼매경이라는 말이 있었는데, 요즘은 핸드폰 삼매경이라고 해야 할 것 같다.

오늘날 우리는 핸드폰 하나로 전화를 하고, 메시지를 보내고, 편지를 쓰고, 뉴스를 듣고, 길 안내를 받고, 일정을 관리하고, 사진을 찍고, 음악을 듣고, 영화를 본다. 결혼식 청첩장, 부고, 선거 운동, 물건을 사고파는 일까지 이 핸드폰을 통해 편리하게 해결하는 시대에 살고 있다.

나 또한 한시도 핸드폰을 손에서 놓지 못한다. 보고, 체크하고, 글을 쓰며, 가히 핸드폰 중독에 빠진 것 같다. 차를 타고 내리면서, 심지어 건널목을 건너면서도 핸드폰을 들여다보는 모습은 가히 아슬아슬하다.

핸드폰이 삶의 편리함을 가져다준 것은 사실이다.

그러나 핸드폰은 우리에게서 긍정적인 의미의 삼매경과 몰입 상태, 불편함과 근로의 수고로움에서 오는 행복, 낭만과 순수한 사랑을 빼앗아가고 있는 디지털 시대의 삶을 이어가게 하고 있다.

내가 타고 있는 전철 안에서 대부분의 승객들이 휴대폰 삼매경에 빠져 있는 가운데, 앞에 앉아 있는 노인 한 분만이 책을 손에 들고 독서 삼매경에 빠진 모습이 눈에 띄었다. 노후를 잘 보내고 계신 것 같아 그분을 한참 동안 바라보게 되었다.

한국인의 평균 독서량은 어떨까? 많은 사람이 "바빠서 읽을 시간 없어요." 또는 "일하느라 여유롭게 문학이나 철학, 자기계발서 한 권 읽을 시간이 없다."라고 말한다. 실제로 우리나라 성인 10명 중 6명은 이러한 이유로 1년 등안 단 한 권의 책도 읽지 않는 것으로 나타났다. 반면, 유튜브와 틱톡 등 SNS에 빠져 책과 담을 쌓았다고 여겨졌던 10대 청소년은 10명 중 9명이 책을 읽고 있었다. 이는 문화체육관광부가 2023년에 발표한 '2023년 국민 독서 실태' 조사 결과로, 2022년 9월부터 2023년 8월까지 성인 5000명과 초·중·고등학생 2,400명을 대상으로 한 조사에서 밝혀진 사실이다. 청소년의 독서는 활발해진 반면, 성인의 독서는 눈에 띄게 줄어들고 있다는 점에서 시사하는 바가 크다. 어른이 되면 책과 멀어지는 사회가 되어가고 있는 것이다.
 과연 이대로 괜찮을까?

 앞서 이야기한 전철 안에서 책을 읽던 노인처럼, 나도 그분을 닮아보려고 요즘에는 어깨걸이 작은 가방에 책 한 권을 꼭 넣고 다닌다. 전철이나 버스를 타고 가며 틈틈이 책을 읽는 재미가 쏠쏠하다.
 사실, 나는 사회생활을 시작한 젊은 시절에는 일과 관련된 전문서적 외의 책과는 담을 쌓고 살았다. 책을 읽을 시간조차 없을 정도로 일에 허덕였기 때문이다. 그럼에도 불구하고 나는 고위 공무원, 사장, 대형 법무법인 고문 생활을 하며 잘 살아왔기에 굳이 시간을 내어 책을 읽을 필요성을 느끼지 못했다.

 그러나 어느덧 세월이 흘러 70대 중반에 접어들어 제대로 된 명함조차 없는 내가 되어보니, 내 영혼이 바로 서 있지 않다는 것을 깨닫게 되었다. 가장 큰 이유는 책을 읽지 않아서였다. 나는 나를 제대로 알지 못했고, 깊이 생각할 줄 몰랐다. 독서를 하지 않고 살았던 지난 삶을 처절하게 후회했던 것은 법정 스님의 책을 만나 '내려놓음'과 '배움'을 배우고, 류 시화 시인의 산문집을 읽으며 그의 자유로운 삶을 깊이 있게 들여다보고 나를 되돌아보면서 나를 다시 세워나가는 꿈을 꾸기 시작했다.

두 분의 책 속에는 그들의 삶이 그려져 있었다. 나는 한 번도 만난 적 없는 그들의 삶을 책 속에서 만나 대화를 나누었고, 그들로부터 따뜻한 위로와 격려를 얻었다. 다른 삶을 통해 내 삶을 비춰볼 수 있었고, 공감하며 위로받았다.

 책을 읽으며 독서에 대한 서로 다른 관점을 가진 작가들을 만났다. 김 병완 작가(「48분 기적의 독서법」저자)는 3년 동안 1,000권을 읽는 집중 독서를 통해 의식과 사고를 확장하라고 조언한다. 반면, 이 은대 작가는 일명 '강안독서(强眼讀書)', 즉 눈에 불을 켜고 읽는 독서로 한 권을 읽더라도 제대로 읽고, 쓰기 위해 독서하라고 한다.

 두 작가는 공통적으로 성공한 삶과 행복한 삶을 위해 독서는 필수 요소라고 강조한다. 독서를 통해 다른 사람의 삶을 내 삶에 적용하고, 빠르게 변하는 세상에서 나만의 가치관을 확립할 수 있다는 점도 강조한다. 이는 곧 흔들리지 않는 기준을 세울 수 있다는 의미에서 두 책이 가치가 있다고 생각한다.

 좋은 필자가 되려면 좋은 독자가 되어야 한다. 독서를 하다 보면, 책을 읽고 그냥 접어두면 책에서 얻은 좋은 기운이 오래가지 못한다. 마음 챙김에 좋은 독서법은 책을 읽으며 책 속의 좋은 문장을 기록해 두는 것이다. 이렇게 하면 그 책이 오래도록 가슴에 남아 내 것이 된다. 글을 쓸 때도, 사람들과 대화할 때도 책 속 문장을 인용하다 보면 내가 보다 깊어지는 것을 느낄 수 있다.

인생은 경험의 연속이다. 사람은 자기 자신만의 한정된 삶을 살기 때문에 많은 경험을 할 수는 없다. 그러나 독서는 단 몇 시간에 다른 사람의 인생 체험을 들여다볼 수 있다. 책을 읽는다는 것은 다른 사람의 경험을 공유하고, 그 사람의 삶을 사는 것이다. 한 줄의 문장이 가슴을 도려내고, 한 마디가 귓가를 울린다. 비수 같은 말들이 한 권의 책에 녹아 있다.

우리 인생을 여행에 비유한다면, 수 만 마일을 다닌 사람은 수많은 책을 읽은 것과 같다고 말하는 사람도 있다. 여행은 수많은 새로운 경험을 맛볼 수 있기 때문이다. 2018년 방영된 일본 NHK 프로그램은 건강 수명의 최선책으로 운동이나 음식보다 독서를 꼽았다. 글을 읽고 쓰는 사람은 치매에 걸릴 확률도 현저히 낮다고 한다.

시인 문 무학은 '책으로 노는 시니어'에서 꿈과 길을 찾고 싶은 노인들을 위해 매주 한 권의 책을 소개한다. 그는 이렇게 말한다.

"노인이 되려고 한 번도 노력한 적 없었지만 나는 노인이 되었다. 그렇지만 몸도 마음도 건강하고 싶다. 이 뻔뻔한 소망을 이루기 위해 한 주에 한 권씩 책을 읽으며 놀자는 요량을 했다. 어차피 몸은 병들기 마련이고 정신은 희미해져 갈 것이다.

결국 이 세상을 떠나겠지만, 좀 더 맑은 정신으로 남은 목숨을 지키고 싶다. 건강(健康)은 '굳셀 건', '편안 강'. 몸에 병이 없고 마음이 편하려면, 몸은 걷기에, 마음은 한 주 한 권의 책에 기댈 수밖에 없다."

젊을 때는 시간 보낼 걱정을 하지 않아도 너무 바쁘다. 하지만 나이가 들면 다르다. 70대 중반의 내 나이쯤 되면 시간이 다소 여유로워진다. 나이 듦은 마음먹기에 달려 있다. 배움에는 끝이 없다고 하니, 독서로 마음을 가득 채워 마음부자가 되면 노화도 천천히 올 것이다. 독서로 마음 건강을 채우고, 근력 운동으로 몸 건강을 채워 노화를 물리치며 저속 노화를 함께 실천하면 좋겠다.

저속 노화를 꿈꾼다면 지금부터 도서관을 방문하여 좋은 책을 대출받고, 밤을 밝혀가며 독서 삼매경에 빠져 여름 내내 폭염에 시달렸던 피로를 털어내고 충전해 보자.

김 원준 시인은 「시의 향기」에서 이렇게 노래하고 있다.

숱한 날들을
읽고 또 읽어도
늘 새로운 길이 있었다.

계절 바뀜도
세월 흐름도 잊고서
삼매경에 빠지니
세상보다 넓은
깊이가 보이더라.

어찌 멀리하랴
변하지 않는 벗
배움도 진리도
때묻은 책장
속에 있더라

시대는 변하지만
놓을 수 없는 것은
나의 스승이기 때문이다

끝나지 않은 사랑, 간병의 세월

2006년 2월 7일,

아내가 갑작스럽게 뇌출혈로 쓰러져 무의식 상태에 빠졌다. 이후 7시간 동안의 긴 뇌 수술을 받고, 그 후로 현재까지 6,570일 동안 입원 생활을 하고 있다. 현재 그녀는 완전한 코마(혼수)상태는 아니지만, 사실상 의식을 거의 잃은 준 혼수 상태에 놓여 있어, 간병인의 도움 없이는 어떤 일도 처리할 수 없는 식물인간처럼 살아가고 있다. 평생 동안 내 삶의 버팀목이 되어준 배필의 생명이 서서히 꺼져가고 있다.

아내가 어이없이 내 곁을 떠나 병원에서 지낸 지 18년째! 그동안 나는 혼자 그 긴 세월을 가정 지킴이로 보냈다. 함께했던 기억들이 생각나면서, 지난날의 소중함을 실감하게 된다. 특히, 밖에 나갔다 들어올 때 아파트 현관문을 열고 집으로 들어가면, 예전처럼 아내의 따뜻한 인사가 들리지 않는다. 불을 밝힌 내 공부방에서 소파에 혼자 앉아 TV를 틀면, 과거의 일상이 떠올라 가슴이 아련해진다. 아무도 없는 빈 집이 나를 맞이하게 되면서, 그리움과 외로움이 함께 밀려온다.

아내는 항상 내가 집에 도착하기 전에 핸드폰으로 도착 시간을 물어오곤 했다. 또한, 내가 식사를 하고 집에 오는 지도 항상 궁금해했다. 그녀는 내가 집으로 간다고 하면 항상 심부름이나 장 보기를 부탁하고, 간단한 것이라도 사 오면 기쁜 마음으로 맞아주었다. 집에 들어가면 따뜻한 밥과 김치찌개 등으로 밥상이 차려져 있었고, 아내는 내가 잘 먹나 안 먹나 눈을 부라리면서 지켜보곤 했다. 특히, 먹고 싶은 반찬을 언급하면 그녀는 마치 요술사처럼 뚝딱 만들어 주었다. 그녀의 손맛은 언제나 따뜻하고 감동적이었는데...

그 긴 세월 동안 내 손으로 지은 밥을 혼자 먹는 날이 대부분이었다. 혼자 먹는 밥은 맛이 없었다.
사람들이 밤에 가족과 차를 마시고 과일을 먹으며 세상 이야기를 하고 저녁 산책을 하는 그 시간에 언제나 혼자 있다는 것은 슬픈 일이다. 특히 나이가 들면서 혼자라는 것은 늘 서러운 일이었다.
그래서 지금도 아내의 빈자리가 너무 크다. 화분 하나만 치워져도 그 빈자리가 눈에 띄는 법인데, 하물며 추억을 함께 만든 아내가 떠나버린 빈자리는 얼마나 허전한지...

다행히도 아내는 완전한 코마 상태에 놓여 있지 않은 편이며, 매번 병실을 찾아가면 약간의 의식이 남아있는 것을 확인할 수 있다. 대화를 시도할 때, 나는 큰 목소리로 "당신 나를 알아?"라고 묻는 순간 고개를 끄떡끄떡하며 응답한다. "나를 보고 싶었어?"라고 묻자, 마찬가지로 고개를 끄떡끄떡하며 동의를 표한다. 그런 다음 나는 큰 목소리로 "나도 당신을 억수로 보고 싶었어!"라고 말하면서 성한 오른쪽 손을 꼭 잡아준다. 그러면 얼굴 표정이 환해지고, "이 병원에 있는 여성 환자들을 다 봤는데 당신이 제일 예뻐, 당신을 진짜 사랑해!"라고 이야기하면서 엄지척을 하면 아내도 따라 하며 손을 엄지척 해서 보여 준다. 아내는 다른 사람들과의 대화는 어렵지만, 본능적으로 남편, 딸, 아들과는 고개와 손으로 소통하려고 노력한다. 특별히 최근 태어난 손자의 우렁찬 울음소리 등 동영상을 보여주면 아내의 눈빛이 달라진다. 이렇게 잠시나마 소통하는 순간, 아내가 살아있다는 느낌이 더해진다.

그러나 아내는 뇌질환 환자로, 극복하기 어려운 큰 문제를 안고 있다. 뇌출혈로 인해 아내의 뇌 기억 창고가 손상되어, 발병 전의 일들은 기억을 하지만 그 이후의 일들은 전혀 기억하지 못한다. 따라서 방금 주고받은 대화 내용조차도 5분 내지 10분 후에는 무엇에 대해 이야기했는지 기억하지 못해 대화가 이어지지 않는다. 부부간의 대화는 그 순간으로 끝나 버린다. 기억 창고에 저장되지 않아서 매번 새롭게 대화를 시작해야 하는 상황이어서 답답하고 가슴이 먹먹한 느낌이 든다.

그런데 이처럼 사방팔방, 동서남북 모든 측면에서 막힌 답답한 나의 삶에 한 줄기 빛이 비추어졌다. 친한 친구가 귀한 책 한 권을 선물한 것이었다. 그 책은 「눈물 한 방울」이라는 책으로, 의식 불명 환자도 귀는 여전히 열려있다고 주장하는 내용이었다. 밤새 읽으며 이 책에서 큰 희망을 얻었다. 이 책은 프랑스에서 출간돼 큰 화제가 되었는데, 앙젤 리에비라는 여성이 식물인간으로 여겨졌지만 사실은 표현만 못 할 뿐 모든 것을 듣고 있었다고 한다. 그녀의 생생한 투병기를 통해 의식이 없어 보이더라도 귀가 여전히 열려있기에 계속해서 희망을 가져야 한다는 메시지를 담고 있었다. 그 환자는 기적적으로 회복되어 건강한 삶을 살아가게 되었다고 한다.

나는 이 책에서 소개된 실화를 진심으로 믿고 싶었다. 마치 지푸라기라도 잡고 싶은 심정이었기 때문이다. 사람이 태어날 때 귀가 제일 먼저 열리고, 죽을 때 귀가 마지막으로 닫힌다고 한다. 그래서 의식이 거의 떠나버린 아내에게 계속 말을 걸고, 좋은 이야기를 들려주고 싶다는 마음이 들었다. 코로나로 인해 면회가 제한되기 전까지, 매일 병실로 찾아가 아내에게 이야기를 들려주었다.

"당신은 꼭 나을 거야. 의사 선생님도 희망을 갖고 계시고 있어요. 걱정 말고, 고통스럽더라도 참아야 해요. 우리 아들과 미영이, 그리고 내가 당신을 얼마나 사랑하는지 모를 거예요. 얼른 일어나서, 당신이 제일 잘하는 갈비찜을 만들어 줘요. 그게 먹고 싶어 죽겠어요."

내가 이런 이야기를 할 때, 아내는 겉으로는 미동이 없어 보이지만, 마치 집중하고 듣는 느낌을 자주 받았다. 또한, 아내 옆 병석에 누워있는 의식이 없는 다른 환자들도 가족이 오면 반가워하는 모습을 자주 목격했다. 면회 후 휙 나가면 슬퍼하는 감정도 느껴졌다. 이는 매우 안타까운 경험이었다.

환자는 칠흑 같은 절망 속에 놓여있다. 말을 건네고 희망을 주며 인격체로 대하는 것이, 사랑하는 사람으로서의 의무일 것이다. 중환자는 대인관계가 모두 끊어진 상태이다. 이들은 모든 것을 내려놓고, 작고 보잘것없는 존재로 전락한다. 우리가 몸만 있는 게 아니기에 병원은 환자의 몸을, 가족은 환자의 마음을 돌봐야 한다. 동일한 상황에서도 회복 속도가 다르다면, 가족이 환자를 대하는 태도와 연관이 깊을 것으로 생각된다.

의식을 잃은 환자에게 희망을 전할 수 있는 것은 가족과 사랑뿐이다. 짧은 면회라도 시간보다는 진정성이 중요하다. 환자에게 사랑한다는 한 마디라도 전하면 감동을 주고, 희망을 붙잡을 수 있을 것이다.

사실 18년이라는 그 긴 세월 동안 매일 병문안을 가서 대화를 하는 것도 쉬운 일은 아니다. 그러나 역지사지로 생각해 보면, 그렇게 하지 않으면 내 마음이 편안하지 않아서 나는 늘 그렇게 했다. 병문안을 마치고 저녁 약속 장소에 가니 모임에 늘 지각생이 되었다. 지인들이 만년 지각생인 나를 잘 이해해 주어 감사하기 그지없다.

아내가 병원에 입원한지 3년이 지난 어느 날, 병실에 들렀더니 공책에 수기로 나에게 힘겹게 쓴 글이 있었다. "미안하고 고마워요, 사랑해요.. 당신!" 이 말이 가장 기억에 남는 아내의 수기 문장이었다. 현재는 아내의 상태가 많이 나빠져 수기를 쓸 수가 없는 상황이다. 그러나 아내가 남긴 그 말을 마음에 새기며, 오늘도 애타는 마음으로 병문안을 간다.

요즈음은 코로나로 인해 병원 내 면회가 전면 금지되었다가 최근에는 한 달에 세 번 면회가 되어 아내를 자주 만날 수 없는 상황이다. 이런 점이 너무나 아쉽다. 아내를 만나지 못해서 마음이 아프지만, 대안으로 간병인에게 전화를 걸어 아내와 소통하고 있다. 간병인이 핸드폰을 아내 귀에 대면, 내가 전하고 싶은 이야기를 다 한 뒤에 질문을 하고, 간병인이 아내가 고개로 하는 응답을 나에게 전해준다. 상황이 어렵지만, 이렇게라도 아내에게 집안 소식과 일상을 전하려 노력하고 있다.

부부의 관계는 블루스 춤추는 파트너 사이와 같다. 블루스는 홀로 춤추는 것이 불가능한데, 마치 부부의 관계에서 한 사람이 없을 때 온전하지 않은 것처럼 느껴진다. 아내가 중환자일지라도, 아닐지라도, 우리는 부부로서 파트너이다. 남편으로서의 의무와 역할을 다하면서, 나중에 후회하지 않을 삶을 살아가야 한다는 것을 명심하며, 아이들과 함께 아내의 회복을 기대하고 있다.

건강한 부부를 보면 부러움이 가득하다. 노년에 이르러 "무조건 내 짝이 최고다!"라고 말하며 서로를 받들고 살아가는 모습이 참 아름답다. 아프지 않고 함께 있어주는 것, 그게 진정한 행복인 것 같다.

아내는 패티 김의 <가을을 남기고 떠난 사람>이라는 노래를 좋아해서 병실에서 자주 들려주곤 했다. 그리고 최근에는 들려주고 싶은 노래가 하나 새로 생겼다. 님들께서도 한 번 들어보시길 권유한다. 임 영웅의 <별빛 같은 나의 사랑아>이다. 아내의 감성과 함께 공유하면 더욱 의미 있을 것 같다.

> 당신은 나의 영원한 사랑, 사랑해요, 사랑해요,
> 날 믿고 따라준 사람, 고마워요, 행복합니다,
> 왜 이리 눈물이 나요?
> 밤하늘에 빛나는 별빛 같은 나의 사랑아,
> 당신은 나의 영원한 사랑, 사랑해요, 사랑해요,
> 날 믿고 따라준 사람, 고마워요, 행복합니다,
> 왜 이리 눈물이 나요? 왜 이리 눈물이 나요?

이 노래를 들으면 아내와 함께한 행복한 순간들이 그리워진다. 나는 혼자서 일상의 어려움을 극복하며 살아가고 있지만, 아직도 살아 있는 아내에 대한 사랑과 감사의 마음을 더욱 깊게 느끼며, 더욱 섬기며 살아가야겠다고 다짐해 본다.

헤매는 기억, 찾는 사람들

안전 안내 문자가 뜬다!

「도봉구에서 실종된
모연옥씨(여,71세)
를 찾습니다-

150cm,48kg,
꽃무늬 원피스와 스카프,
검정 벙거지 모자,
회색 운동화...」

이름도 예쁘고 자그마한
그 여인을 상상해 본다.

70줄인데도 꽤나
패셔니스트였나 보다.

비바람 광풍이 몰아치는데
그녀는 지금 어디에서
길을 잃고 헤메고 있을까?
가족들은 또 얼마나
상심을 할까?

요즘 들어 거의 하루에 한 번씩, 어느 날은 두어 번씩 사람을 찾는 문자가 들어온다. '인근에서 배회 중인' 혹은 '사람을 찾습니다.'로 시작하여 나이, 키, 옷, 신발뿐만 아니라 신체 특징까지도 나열해 놓고 있다. 고령사회인 만큼 치매 어르신들이 많은가 생각했지만, 연령을 보면 그것도 아니다. 청년, 중학생, 심지어 초등학생 나이까지 있어 안타까운 마음에 길거리를 지날 때 혹시나 하고 걸어가는 사람들을 유심히 보기도 한다. 길을 잃어 집을 못 찾는 것인지 집을 나가버린 것인지 가늠할 수가 없다.

나이가 지긋한 사람들을 찾는 문자는 대부분 치매 노인들의 실종 경보 문자다. 치매 노인들은 여기저기 뒤지거나, 훔치고, 쌓아두거나, 배회하고, 의심하며, 반복 행동하고, 부적절한 의복 또는 성적 이상 행동 등을 보이는데 특히 밖에서 길을 잃고 배회하는 것은 치매의 대표적인 증상 중 하나다. 이들 치매 노인들은 끊임없이 이리저리 배회하고 가출을 시도한다.

경북 김천에 사는 조 모(56)씨는 12년 전 치매 진단을 받은 어머니 김 모(88)씨를 돌보고 있다. 물건을 던지거나 욕설을 종종 해 다른 사람에게 돌봄을 부탁하기가 갈수록 어려워지고 있다. 특히 어머니가 "바람 쐬러 가겠다."란 말을 많이 하는 게 가장 걱정이다. 조씨는 "집 근처에 산비탈이 있어 위험한 데다 가족들이 24시간 지켜볼 수도 없고 불쑥 혼자 나가버리실까 봐 걱정이 크다"라고 했다.

가족들이 아무리 밖에 나가지 말라고 말해도 소용이 없다. 배회는 계속 반복이 된다. 배회가 반복되는 이유는 기억이 과거로 돌아가서 현재 살고 있는 집이 남의 집으로 느껴지기 때문이다. 자신이 남의 집에 있다고 느끼기 때문에 '우리 집에 갈 거야' 이런 생각으로 자꾸 밖으로 나가는 것이다.

전국에서 치매를 앓는 65세 이상 환자는 2024년 9월 15일 현재 105만 명에 달하며, 치매 환자 실종 사건 역시 가파르게 늘고 있다. 경찰청에 따르면, 2012년 길을 잃은 치매 환자를 찾아 달라는 신고가 연 7,650건 접수됐지만, 2019년에는 1만 2,479건까지 증가했다. 코로나 사태 여파로 2020~2021년에는 증가세가 잠시 주춤했지만, 2022년 7월까지 8,444건의 실종 신고가 접수되었다. 이 중 97%가 60세 이상 노인이었다. 고령화가 진행될수록 실종된 어르신을 찾기 위해 발을 동동 구르는 가족들의 사연은 더욱 늘어날 전망이다.

현재 실종 치매 노인을 찾는 방법은 경찰에 신고하는 것이 거의 유일하다. 경찰과 가족들이 실종자의 인상착의를 바탕으로 일일이 찾아 나서는 방식이다. 경찰은 긴급 상황이라고 판단되면 2023년 6월에 도입한 '실종 경보 문자'를 활용한다. 이는 특정 지역 주민의 휴대전화에 실종자의 인상착의 등을 전달하는 방식이다. 하지만 전체 실종 신고가 너무 많은 것이 문제다. 2023년 1~7월 실종 사건은 3만 건에 달했지만, 문자 활용 건수는 민원 발생 소지로 인해 1,000여 건에 불과했다.

실종 신고는 매년 증가하는데, 가족들이 기댈 수 있는 방법은 '실종 경보 문자' 외에 뾰족한 수단이 없다. 이에 따라 치매 어르신 인식표 부착, 위치 추적 기능이 있는 '치매 GPS 팔찌' 활용, 현관에 종 달기, 출입문 가리기, 미리 이웃이나 아파트 경비원 등에게 환자의 상태를 알리고 양해를 구하기, 치매 노인 지문 사전 등록(2023년 기준 21만 명, 전체 치매 환자의 20%), 치매 도어록 장치, 경찰에 미리 연락해 두기, 목걸이나 팔찌 등에 환자의 이름과 주소, 연락처 등을 기록하여 착용시키는 등의 방법이 사용된다. 환자가 화를 내거나 이를 떼어 버리려고 할 때는 옷 안쪽 등 눈에 잘 띄지 않게 부착하기도 한다.

시도 때도 없이 울리는 치매 실종 경보 문자. 매일 40여 명의 노인이 길을 헤매고 있다. 치매 실종은 더 이상 남의 문제가 아니지만, 사람들은 여전히 무관심하다.
새로운 시도로 치매 환자를 돌보는 네덜란드의 호그벡 치매 마을, 덴마크의 브뤼후셋 치매 마을(Brøset Dementia Village), 그리고 일본의 가짜 정류장 운영 현황을 살펴보고 그 시사점을 생각해 보자.

우선, 네덜란드의 호그벡 치매 마을은 4,500여 평 규모로, 23개 주택이 있으며 1개 주택에 6~7명이 함께 생활하는 공동 주거 형태(큰 집에서 각방 생활)다. 일반 마을처럼 식당,

마트, 영화관, 미용실 등 다양한 상점들이 준비되어 있고, 산책할 수 있는 공원과 병원도 있다. 큰 의료기관 안에 마을을 형성한 개념으로, 24시간 간호 및 관찰 치료를 받으면서도 독립적인 삶을 살 수 있도록 만들어졌다.

호그벡 마을의 특징은 다양한 상점들이 있지만, 가격표가 없고 돈거래도 하지 않는다는 점이다. 치매 환자는 약 150명 정도이나, 의료진은 250명으로 환자보다 훨씬 많다. 이로 인해 환자들은 계속해서 돌봄을 받을 수 있다. 이용 비용은 비싼 편으로, 월 6,000유로(약 880만 원) 정도이다. 영국, 독일, 프랑스 등 여러 유럽 국가에서도 벤치마킹하고 있다.

다음으로, 덴마크의 브뤼후셋 치매 마을은 네덜란드의 호그벡 치매 마을을 벤치마킹한 것이다. 현재 125명이 거주하고 있으며, 이 마을에는 자원봉사자들이 운영하는 식당, 카페, 이발소, 마트 등의 편의시설이 있다. 환자가 상점에서 '계산하지 않고 나가도 다그치지 않고 자연스럽게 넘어간다.'고 한다. 치매 환자들이 불편함을 느끼거나 '내가 잘못했구나.'라고 생각하지 않도록 세심한 주의를 기울이고 있다. 미 정산된 비용은 관리비를 통해 정산된다.

거주 비용은 한 달에 5,350크로네(약 100만 원)로 다른 시립 요양원과 비슷하다. 식비와 주거비를 제외한 모든 돌봄 비용은 덴마크 정부가 부담한다. 이 치매 마을은 '통제가 아닌 자유가 배회를 예방한다.'는 기치 아래 치매 환자들이 원하면 언제든 마을 내부를 산책할 수 있다. 스스로 거동이 힘든 환자들은 자원봉사자와 함께 골프 카트를 타고 이곳저곳을 돌아다닌다. 이는 안전 문제나 실종을 우려해 대부분 건물 내부에서 생활하는 한국의 돌봄 시설과 대비된다.

이어 일본의 메이야 마을에서는 치매 환자들이 가끔 집을 떠나 옛날에 다녔던 곳으로 돌아가고 싶어 배회하다가 길을 잃는 경우가 자주 발생하는데, 이를 방지하기 위해 '가짜 버스 정류장'을 설치하고 있다. 치매 환자들이 버스를 타기 위해 본능적으로 정류장을 찾고 의자에 앉는 순간, 집으로 갈 수 있다는 마음에 안심하게 되는데, 이때 노인을 발견한 주민이 가족이나 경찰에 알리면 무사히 집으로 돌아가게 된다. 아무리 기다려도 버스는 오지 않는데, 이는 치매 환자들을 위한 착한 거짓말 때문이다. 이 시스템은 후쿠오카 현에서도 벤치마킹하여 설치되었고, 앞으로 일본 시골 전역에 퍼져 나가길 기대하고 있다.

네덜란드의 호그벡 치매 마을과 덴마크의 브뤼후셋 치매 마을 그리고 일본의 시골 마을에 있는 '가짜 버스 정류장'은 치매 환자들을 위한 독특하고, 혁신적이고 보다 인간적인 접근 방식을 보여주는 세 가지 사례이다. 이들은 모두 치매 환자들이 더 안전하고 존엄성을 유지하면서 생활할 수 있도록 돕는데 중점을 두고 있다.

한국에서 호그벡과 브뤼후셋 같은 마을을 당장 만들긴 어렵겠지만, 그들의 돌봄 철학은 참고할 필요가 있다고 강조하고 싶다. 10년 넘게 치매 환자를 진료하고 있는 장 기중 정신건강의학과 전문의는 "배회가능성을 차단하기 위해 치매환자의 외출을 제한하는 건 궁극적인 해결책이 될 수 없다."라며 "시간이 걸리더라도 치매 환자의 욕구와 불안을 해결하는 쪽으로 정책 초점을 맞춰야 한다."라고 말했다.

현재 우리나라는 고령화 사회로 진입하고 있어 노인 인구가 늘어나고 있으며, 이에 따라 배회하는 치매 환자도 날이 갈수록 증가하고 있다. 우리나라가 진정한 복지국가로서의 면모를 드높이기 위해서는 실종경보 문자, 치매 GPS 팔찌 등과 같은 1차원적 접근 방식을 확산·발전시키는 한편, 네덜란드와 덴마크처럼 더 혁신적이고 인간적인 접근 방식을 조기 도입하는 것을 각 지자체가 적극 고민해야 할 때이다. 우리나라에서도 옥천군에서 아직 초보단계이지만 호그벡 마을을 벤치마킹한 안전치매마을(2018년)을, 충주시에서는 병원 내 가짜 버스 정류장 시범 사업(2023.10)을 시작한 바 있다. 이러한 시도가 전국 지자체로 널리 퍼지고 더욱 성숙된 모습으로 거듭나길 기대한다.

이러한 치매 마을 조성에 시간이 걸리는 프로젝트와는 별개로 다음과 같은 대책을 고려해 볼 수 있을 것이다.

스마트홈 시스템을 도입하자. 치매 환자의 안전을 모니터링하기 위해 출입문에 센서를 설치하여 환자가 집을 나가려 할 때 알림을 받고, 위치 추적 기능이 있는 신발을 제공하여 환자의 위치를 실시간으로 확인할 수 있도록 하자.

돌봄 로봇 및 AI 기술을 활용하자. AI 기반의 로봇이 환자의 일정을 관리하고, 필요한 도움을 즉시 제공할 수 있도록 하며, AI 분석을 통해 환자의 상태를 모니터링하고 이상 징후를 조기에 감지할 수 있도록 하자.

지역사회 치매 환자 지원 네트워크를 강화하자. 치매 환자와 가족들이 필요한 도움을 받을 수 있도록 치매 환자 돌봄 지원센터를 설립하고, 전문적인 상담과 지원을 제공하자.

치매 예방과 조기 발견을 위한 교육 프로그램을 강화하자. 치매에 대한 인식을 높이고, 조기 진단을 통해 치매 환자가 적절한 시기에 치료와 관리를 받을 수 있도록 하자. 또한, 가족과 돌봄 제공자에게 치매 환자 돌봄에 대한 교육을 제공하여 환자에 대한 이해와 돌봄 능력을 향상시키자.

치매 환자를 위한 예술 및 사회 활동을 적극 지원하자. 치매 환자들이 예술 및 사회 활동에 참여할 수 있도록 지원하여 정신적, 신체적 건강을 유지하도록 돕자. 예를 들어 미술

치료, 음악 치료, 사회적 활동 프로그램 등을 통해 치매 환자들이 활력을 유지하고 사회와의 연결을 지속할 수 있도록 하자.

 이와 같은 선진적이고 인간적인 접근 방식은 치매 환자들이 보다 존엄성과 안전을 유지하면서 생활할 수 있도록 도와줄 뿐만 아니라, 가족과 사회의 부담을 줄이는 데에도 큰 도움이 될 것이다.
 초 고령화 시대를 맞아 정부와 국민 모두가 지혜를 모아야 할 때이다.

탈북민 2세들의 묘한 인생

북한이탈주민의 인생은 묘한 이중성을 지니고 있다. 경계가 삼엄했던 2000년대 이전에는 북한이탈주민의 수가 극히 적었으나, 2005년 이후 급격히 증가해 2010년 전후로는 연간 2,000명에서 3,000명에 달하는 사람들이 입국했다. 하지만 2009년 2,914명으로 정점을 찍은 후, 입국 인원은 점차 감소하여 2012년에는 1,502명, 2015년에는 1,275명으로 줄어들었다.

이후 감소세는 계속되어 2021년에는 63명, 2022년에는 67명에 그쳤다. 2024년 현재 대한민국에 거주하는 북한이탈주민은 약 3만 4천 명이며, 이들의 가족을 포함하면 총 10만 명에 이른다. 초기에는 남성이 다수를 차지했지만, 2002년을 기점으로 여성 입국자가 남성을 추월하였고, 2006년 이후로는 전체의 70%를 여성들이 차지하고 있다.

북한이탈주민은 국제법상 '위임 난민(Mandate Refugee)'에 해당한다. 위임 난민이란, 난민의 지위에 관한 협약(Convention Relating to the Status of Refugees, 난민협약)의 요건을 충족하지 않더라도, 유엔난민기구(UNHCR)로부터 난민 지위를 인정받은 경우를 말한다. 협약 난민은 난민협약 체약국 정부로부터 공식적으로 난민 지위를 인정받고 보호받을 수 있지만, 위임 난민의 보호와 책임은 유엔난민기구에 있다. 이러한 이유로 위임 난민은 협약 난민보다 더 취약한 상황에 놓일 가능성이 크다.

한국에서는 1997년 <북한이탈주민의 보호 및 정착 지원에 관한 법률(약칭으로 '북한이탈주민법'이라 한다.)>을 제정하여 북한이탈주민을 위한 다양한 지원 제도를 마련했다. 2024년에는 자유를 찾아온 북한이탈주민을 포용하고, 남북 주민 간 통합 문화를 확산하기 위해 '북한이탈주민법'이 시행된 7월 14일을 '북한이탈주민의 날'로 제정했다. 이 법에 따라 대한민국의 보호를 받기를 원하는 북한이탈주민에게는 보호, 교육, 취업, 주거, 의료, 생활 보호, 교육 지원 등을 통해 정착을 돕고 있다.

 특히 초기 정착금은 한국에서 사회생활을 막 시작하는 북한이탈주민을 지원하기 위한 제도로, 2024년 12월 4일 기준 통일부의 공식자료에 따르면 1인 세대 기준으로 1,000만 원, 2인 세대 1,600만 원, 3인 세대 2,100만원, 4인 세대 2,600만 원이 지급되나 제 3국 출생 탈북민 자녀는 이러한 정착금을 받을 수 없으며, 1인당 450만 원(최대 2인까지)의 양육 가산금만 지원된다. 이마저도 자녀가 만 16세 미만이어야 한다. 개개인의 자립 노력이나 사정에 따라 정착 장려금과 정착 가산금이 추가로 지급될 수 있다. 취업 지원에는 고용지원금, 직업 훈련, 자격 인정 등이 포함되며, 특례 편입학이나 등록금 지원과 같은 교육 지원도 가능하다.

 북한이탈주민법은 북한에 주소 등을 두고 있다가 북한을 벗어난 사람만을 탈북민으로 규정한다. 이 법 때문에 사각

지대에 놓인 탈북민 2세들이 차별을 겪으며 묘한 인생을 살아가고 있다.

국내 탈북 학생 중 중국 등 제 3국에서 출생한 아이들의 비율은 계속해서 증가하고 있다. 2015년에는 총 2,475명의 탈북 학생 중 1,249명(50.5%)이 제 3국 출생이었으며, 2017년에는 56.6%, 2019년에는 61.2%, 2021년에는 65.5%로 증가했다. 2023년에는 총 1,769명의 탈북 학생 중 1,257명(71.1%)이 제 3국 출생으로, 해마다 그 비율이 늘어나고 있다. 이 아이들은 유령처럼 존재하지 않는 사람들이 아님에도, 낯선 조국에서 외면당하며 몸과 마음으로 울며 살아가고 있다.

이야기 하나

탈북 여성 김 정아(가명) 씨는 중국에서 낳은 딸로부터 "엄마, 나는 한국, 중국, 북한 중 도대체 어느 나라 사람이야?"라는 질문을 받았다. 김 씨는 "너는 중국 사람도, 북한 사람도 아니야. 대한민국 사람이야."라고 답했다. 김 씨는 2010년에 입국했고, 3년 후 중국에 남겨둔 딸을 한국으로 데려왔다. 당시 딸은 9살이었으며, 한국에서는 초등학교 2학년에 해당하는 나이였지만, 모국어조차 모르는 채 낯선 환경에 던져졌다. 딸이 겪었을 정체성의 혼란을 떠올리며, 김 씨는 한숨을 내쉬었다. "제 3국에서 태어나 한국으로 넘어온 탈북민 자녀들은 한국 사회에서 지내면 지낼수록 자신의 출신에 대해 더욱 혼란스러워합니다." 김 씨의 말이다.

전문가들은 "제 3국 출생 탈북민 자녀 학생들은 중국과 북한, 그리고 한국이라는 세 경계를 넘나드는 가족사가 가져온 정체성의 무게를 홀로 견디고 있다."(지난해 11월 한국교육개발원 보고서)고 지적한다. 김 정아 씨의 딸은 자신이 북한 출신임을 밝히면 편견을 받을까 봐 숨기고 싶어 하지만, 동시에 한국 사회에서 이방인으로 여겨지는 현실 속에서 큰 고립감을 느낀다. 누구에게도 속하지 못하는 듯한 소외감을 경험하며, 자신의 정체성에 대해 끊임없이 혼란스러워한다. 또한, 한국 사회에서 완전히 받아들여지지 않는다는 생각에 자주 우울감을 느끼고, 친구들 사이에서도 자신감을 잃어 사회적 고립감을 더욱 깊게 느끼고 있다.

이야기 둘

2020년에 한국에 온 한 경은(가명) 씨는 3년 후인 지난해, 중국에서 낳은 남매를 한국으로 데려왔다. 하지만 그녀는 "아이들을 데려오긴 했지만, 앞으로 어떻게 살아갈지 막막하다."라고 토로한다. 한 씨의 자녀들은 각각 21살, 19살로 중국에서 함께 살던 아버지가 사망하면서 보호자가 없어졌고, 어머니가 있는 한국으로 오게 되었다.

현재 암 투병 중인 한 씨는 "원래 내가 기초생활수급자였는데, 이제 아이들까지 수급자로 등록되었다."라며 "한국말도 모르는 아이들이 자꾸 '엄마, 아르바이트 자리 좀 찾아줘'라고 말한다."고 전했다. 한 씨의 딸은 현재 탈북민 대안학교에

다니면서, 방과 후에는 고깃집 주방에서 설거지를 하며 돈을 벌고 있다. 한 씨는 "아이들이 대학에 가고 싶다는 꿈을 꾸고 있지만, 등록금이 너무 비싸서 감당할 수 있을 것 같지 않다." 라고 말하며, "정부의 지원없이 이렇게 살고 있는데, 우리도 대한민국 국민으로서 차별 없이 대우받고 싶다."고 호소했다.

이야기 셋

김 민영(가명) 씨의 어머니는 목숨을 걸고 북한을 탈출해 중국에서 아버지를 만나 민영 씨와 동생을 낳았다. 중국에서 어머니는 불법체류자 신분이었고, 언제 공안에 잡혀 북한으로 끌려갈지 모른다는 불안 속에서 긴 시간을 보냈다. 숨죽이며 지내던 어머니는 강제 북송의 위기를 겨우 넘긴 후, 민영 씨가 17살이 되던 해에 한국으로 왔다. 구사일생으로 한국에 도착한 어머니가 가족을 데려오기까지 3년이 걸렸고, 그 사이 아버지는 암 투병 끝에 돌아가셨다. 2023년에 민영 씨는 동생과 함께 한국에 왔다.

현재 민영 씨는 어머니, 두 살 터울의 남동생과 함께 13평 (42제곱미터)짜리 임대주택에서 생활하고 있다. 정부는 주거 지원금으로 2인 세대 이상은 구성원수에 따라 증액되며 최대 2,600만원까지 지원되지만, 법적으로 탈북민 지위를 인정받은 사람은 어머니 한 명뿐이라 1인 기준인 1,600만 원의 지원금만 받을 수 있었다. 민영 씨는 이 점에 대해 이렇게 말한다. "한국 정부는 내가 탈북민이 아니라고 합니다. 북한에서 태어나지 않았기 때문이죠. 내 어머니는 그저 사람답게 살고 싶어 북한을 탈출했고, 그 과정에서 내가 태어났는데, 한국 법은 그것을 중요하게 여기지 않습니다. 이런 나의 조국이 낯설기만 합니다."

민영 씨는 학교에서 다른 탈북민 친구들이 다양한 지원을 받는 모습을 보며 소외감을 느끼고 있다. 자신이 북한 출신 부모를 두었음에도 제3국에서 태어났다는 이유로 법적 보호를 받지 못하는 것은 큰 좌절감을 안겨준다. 민영 씨는 어머니가 목숨을 걸고 '자유를 찾는 길'에서 태어난 자신이 축복받은 존재라고 생각하지만, 역설적으로 북한이라는 지옥에서 태어나지 않은 대가를 이렇게 치르고 있는 것이다.

 # 이야기 넷

제3국 출생 탈북민 자녀는 병역의 의무도 이행해야 한다. 일반적으로 북한에서 태어난 탈북민은 군 복무가 면제된다. 한국 사회에 적응이 어렵다는 걸 배려한 조치다. 하지만 제3국 출생 탈북민 자녀에는 어떤 면제 사유도 적용되지 않는다.

중국 산둥성에서 살다 지난해 6월 입국한 스물네 살의 청년 이 승민(가명) 씨는 다음 달 광주광역시의 한 육군 부대로 입영 통지를 받았다. 신체검사도 어머니가 도와줘서 겨우 받았다는 그는 군 복무는 당연히 해야 한다고 생각하지만, 군 생활을 제대로 할 수 있을지 걱정이 많다. "군대에서 명령을 내려도 한국말이기 때문에 나는 이해하지 못 할 텐데 걱정이 된다."고 말했다. 이에 대해 병무청은 "단순히 한국어를 못하는 것은 면제 사유인 질병·심신장애에 해당하지 않는다."라며 "(언어 등의 이유로) 군 복무에 지장이 있다고 판단되는 사람은 입영 일자를 조정할 수 있다."고 설명했다.

 # 이야기 다섯
 제 3국 출신 탈북민 자녀들은 어렸을 때 입국하더라도 교육 지원 대상에 포함되지 않아 한국어를 배울 기회를 찾기 어렵다. 2016년, 12살의 나이로 한국에 온 스무 살 청년 박 장군(가명) 씨도 그중 한 명이다. 처음 한국에 왔을 때, 그는 한국어가 서툴러 학교 수업을 따라가는 데 큰 어려움을 겪었다. 또한, 한국과 중국 문화의 차이로 인해 학교에서 적응하는 데 힘들어했고, 종종 동급생들에게 외국인 취급을 받기도 했다.
 언어 장벽으로 인해 성적이 저조해지자 박 씨는 점차 학업에 대한 자신감을 잃었고, 학교생활 역시 점점 힘들어졌다. 한국에서 생활한 지 어느덧 8년이 넘었지만, 체계적으로 한국어를 배운 기억이 없다. 지금도 간단한 의사소통 정도만 가능할 뿐이다.

 국내 탈북 학생들 중 제 3국 출생자 비율이 점점 증가하고 있으며, 이들 학생들이 경험하는 고통과 애환은 위에서 살펴본 다섯 가지 사례 이외에도 매우 다양하다. 목숨 걸고 북한에서 탈출한 부모가 한국으로 오는 과정에서 타국에서 태어난 이들은 한국 사회에 잘 적응하지 못하고 소외감, 좌절감, 사회적 고립감 및 정체성 혼란 등으로 몸과 마음이 지쳐있다. 이들에게 따뜻한 온정의 손길이 절실하다고 본다.

 우선, 무엇보다도 시급한 것은 제 3국 출생 탈북민 자녀도 법적 탈북민으로 인정받을 수 있도록 법 개정이 필요하다. 탈북주민지원법 개정안이 발의된 적이 있었으나 국회회기 경과로 자동 폐기된 적이 있었다. 탈북민 지원 문제는 지속적으로 논의되고 있는 사안이므로, 추후 법안이 발의될 가능성은 있다. 조속한 시일 내에 재발의 되기를 기대한다.
 또한 이들을 위한 특별한 한국어 교육과 문화 적응 프로그램이 필요하며 학업 성취를 돕기 위한 보충 수업 및 멘토링 시스템도 크게 도움이 될 것이다. 이들을 위한 정서적 지원 또한 긴요하다. 심리 상담과 정체성 문제 해결을 위한 지원을 통해 이들이 자신의 정체성을 긍정적으로 받아들이고, 사회에 잘 적응할 수 있도록 도와야 한다. 아울러 경제적 자립이 가능하도록 탈북민 2세 가정에 대한 경제적 지원을 확대하고, 학생들이 학업에 전념할 수 있도록 장학금이나 생활 지원 프로그램을 강화해야 한다.

 이러한 대안들은 제 3국 출생 탈북민 학생들이 법적·사회적 차별에서 벗어나 한국 사회에서 안정적으로 정착하고 성장할 수 있는 기회를 제공하는 데 중요한 역할을 할 것이다.

큰 꿈을 가지고 한국으로 온 그들의 삶의 현장에 대해 우리 사회가 너무 무관심한 것 같다. 이들의 자유 대한민국에서의 삶이 봄날처럼 따뜻해지길 바란다.

등이
휠 것 같은
삶의 무게

어느 날 퇴근길,

저녁 약속이 없어 집으로 향하던 중이었다. 갑자기 가수 임희숙의 라이브 노래가 듣고 싶어졌다. 그래서 운전기사인 이 대리에게 말했다. "임 희숙이 라이브 쇼하는 곳으로 가요." 이 대리는 이 주문을 듣고 "그 말씀을 지금 하시면 어떻게 해요?"라고 시큰둥한 반응을 보였다.

그래서 나는 말했다.

"자기가 모시는 분이 어떤 가수 노래를 좋아하는지, 그 가수가 저녁에 어디에서 라이브 노래를 하는지 정도는 알고 있어야 프로기사 아닌가?"라고 하고는

"그럴 필요 없어요. 그냥 집으로 가 주세요."라고 하였다.

사실 나는 몰래 조용필, 나훈아, 조영남, 박완규, 최백호, 김수미, 최성수, 주현미 등 유명 가수들의 콘서트를 다녀왔다. 그들의 공연을 감상하면 마음이 풍부해지는 것 같았다. 이는 내가 즐기는 취미 중 하나로, 그 경험들은 나에게 큰 즐거움을 줬다.

그러나 그날 가수 임 희숙의 라이브 카페에 가보지 못한 날 이후 6개월 동안 나는 그녀의 라이브 카페에 가자는 얘기를 이 대리에게 꺼내지 않았다. 나중에 알게 된 사실이지만, 그 사이에 이 대리는 임 희숙 가수의 매니저와 연락을 해서 언제 어디서 공연을 하는지 등에 대한 정보를 상세히 알아두었다. 그래서 이 대리는 내가 그녀의 라이브 카페에 가자고

얘기하기를 내내 기다렸다고 한다. 모시고 갈 준비가 다 되었으니까...

나는 이런 사실도 모른 채 어느 날 집으로 퇴근하던 중에 예전에 얘기한 것처럼 "이 대리! 임 희숙이 노래하는 라이브 카페에 가요."라고 주문을 했더니 "네" 하면서 나를 종로 5가의 어느 '재즈 카페'로 데리고 갔다.

웨이터가 안내한 좌석은 무대가 잘 보이지 않는 자리였다. 젊은이들이 주된 손님이었기 때문에 나이 든 사람들은 분위기 깬다고 일부러 후미진 자리로 안내하는구나 생각하고 그냥 그 자리에 앉아 있었다.

그 자리에 앉아 있는 동안, 안경을 쓴 30대 중반의 여성이 내 자리로 다가와 "박 회장님이세요?"라고 물었다. 나는 내가 아는 여성이 아니라 의아해하며 "누구신지요? 회장은 아닌데요."라고 대답했다. 그 여성은 다시 "박 상태 회장님 아니세요?"라고 물었다. 나는 "이름은 맞지만 회장은 아니고 사장입니다."라고 말했다. 그 여성은 매우 반가워하며 자신이 임 희숙 선생님의 매니저라며 소개했다.

"사장님 기사분이신 이 대리께서 얼마나 자주 전화를 했는지 몰라요. 자신이 모시는 사장님이 임 희숙 가수의 노래를 좋아하는데 언제, 어디서 노래를 부르는지 항상 확인해 둘 필요가 있다고 했어요. 드디어 박 회장님을 만나게 되어 반갑습니다. 하지만 이 자리는 너무 후미진 곳이네요. 제가 무대를 아주 잘 볼 수 있는 곳으로 안내해 드리겠습니다."라고 하여 자리를 옮겼다. 나는 이 대리가 그동안 임 희숙이 노래하는 카페를 수소문하느라 많은 노력을 했구나 생각하면서 감사하는 마음을 가졌다.

드디어 1시간 동안 진행되는 임 희숙의 라이브 쇼가 시작되었다. 그러나 대실망이었다. 재즈 카페인만큼 재즈만 부르니 내가 무슨 내용인지 알아들을 수가 없었다. 소주잔을 기울이면서 괜히 왔다고 생각하며 시계를 보니 쇼가 10여분 정도 남았을 즈음이었다. 그때 노래 하나를 마무리하고 난 임 희숙은 "손님 여러분! 반갑습니다. 오늘은 여러분에게 귀한 분을 소개해 드리려 합니다."라며 "그분은 저 멀리 여의도에서 대형 신용평가 회사를 운영하는 박 상태 회장님이십니다. 박 회장님 일어서시어 주위에 인사를 나누시지요."라고 해서 조금은 당황해하면서 반쯤 어정쩡하게 일어서서 좌우로 인사를 했다. 계속해서 그녀의 이야기가 이어졌다.

"박 회장님이 회사 사정상 시간을 내기가 어려워 제 노래를 듣기 위해 6개월을 기다렸다고 합니다. 이는 저에게 큰 감동입니다. 그런데 저분이 요청하신 곡은 <내 하나의 사람은 가고>와 <진정 난 몰랐네>입니다. 사실 임 희숙하면 알려진 노래로는 이 두 곡밖에 없지요. 그런데 이 카페는 재즈 카페로 유명하여, 저 역시 재즈만을 부르도록 계약이 되어 있답니다.

마침 카페 사장님이 저쪽에서 보고 계시는군요. 그러나 여러분들이 이 두 곡을 불러도 좋다는 동의의 박수가 있으면 사장님도 양해해 주실 것으로 믿습니다."

이같이 말을 하자, 젊은이들이 우레와 같은 동의의 박수를 보내 주었다. 이에 그녀는 내가 요청한 두 곡을 열창했다. 그 순간 나는 큰 기쁨과 만족을 느꼈다.

10여분의 오롯한 추억이었다. 그 카페에 감사한 마음을 전하고자, 가격이 너무 비싸지도 않고 너무 싸지도 않은 중간 가격대의 와인 한 병을 주문했다. 그때, 내가 앉아 있는 자리로 임 희숙 가수가 다가와서 인사를 건넸다.

"박 회장님! 저는 임 희숙입니다. 제 노래를 좋아해 주셔서 정말 감사합니다."라고 말하는 것이었다. 그녀의 노래를 직접 듣는 것만으로도 만족스러웠는데, 그녀가 옆자리로 와서 인사까지 하니 기분이 더 좋아졌다. 그녀는 이어서 말했다.

"회장님, 저는 범띠에요. 연배가 비슷해 보이는 것 같아요."
"나도 범띠에요."라고 대답했다. 그러자 그녀는 "어머! 정말요?" 하며 악수를 청했다. 그녀는 서글서글한 성품이었다.

"회장님, 음식은 무엇을 좋아하세요?"라고 그녀가 물었다.
"나는 북창동 순두부 같은 것을 좋아해요."라고 대답했다.
그녀는 "나도 순두부를 엄청 좋아해요. 저랑 식사 한번 같이 하기로 해요."하며 제안했다.

그래서, "임 선생님, 메니저와 내 회사 비서가 서로 연락하도록 하시지요."라고 말하고는

"나는 2,500여 명의 직원이 있는 회사의 사장이라서 직원들 월급 줄 돈을 많이 벌어야 해서 스트레스가 많이 쌓여요. 그럴 때마다 임 선생의 노래를 듣곤 해요. 임 선생의 열정적인 노래를 듣다 보면 스트레스가 많이 풀려요. 임 선생처럼 열정적으로 살아야겠다는 생각도 들고, 자책하던 마음도 다독여주죠. 또한, 제 또래인 CEO들도 임 선생의 노래를 듣고 힐링을 하는 분들이 많아요. 그러니까, 임 선생은 임 선생 노래를 좋아하는 사람들을 위해 무대에서 노래를 부르다 쓰러지는 한이 있더라도 끝까지 노래를 부르셔야 합니다."라고 말했다.

그러자 그녀는 "오늘 정말 소중한 말씀을 들었어요. 제게는 우레와 같은 박수보다도 더 큰 응원이 됐어요. 귀한 말씀을 가슴에 새기고 노래하겠습니다. 정말 힘이 되는 말씀이에요."라고 대답했다.

이어서 나는 "꼭 그렇게 하시길 바랍니다. 자, 이제 일어나세요. 다음 공연장으로 가서 돈 벌어야죠."라고 말했다. 그녀는 손목시계를 보며 "맞아요. 아닌 게 아니라 다음 공연장으로 가야 할 시간이군요. 우리 꼭 순두부 같이 먹도록 해요."라는 말을 마지막으로 인사를 나눴다.

이날 이후로 그녀와의 연락이 끊겨 순두부 식사 약속은 이

루어지지 않았다. 그러나 임 희숙 선생의 노래를 듣기 위해 콘서트에 두 차례나 다녀왔고, 저녁 카페에서 한차례 더 그녀의 노래를 듣게 되었다. 그녀의 목소리는 굴곡진 삶의 흔적이 담겨있는 듯했다. 짙은 허스키한 목소리에도 불구하고, 그녀의 바이브레이션 창법은 매우 독특했다. 요즈음 가끔씩 그녀의 위 두 곡을 듣곤 했는데, 그녀의 노래를 들을 때면 그날 저녁의 추억이 새록새록 떠오르곤 해 기분이 좋았다.

그녀는 1960년대 말에 한국 흑인 음악의 선구자로서, 허스키한 목소리로 '소울의 대모'로 불리기도 했다. 특히 <진정 난 몰랐네>로 큰 인기를 얻었다. 그러나 그녀는 결혼 후 5개월 만에 이혼하고, 재혼했으나 또다시 이혼했다. 이후 우울증과 음주로 인해 자살까지 시도하기도 했으며, 대마초 파동에 휩싸여 한동안 활동하지 못했다. 그러나 1984년 5월, 쓰레기통에 버렸다가 건져낸 노래 <내 하나의 사람은 가고>는 그녀를 부활시켰다. 이 노래는 시인 백 창우의 고단한 삶과 중견 여가수의 아픈 과거가 어우러진 작품이었다. 그녀의 굴곡진 인생의 나이테가 이 노래에 겹겹이 쌓여 있는 듯하다.

<내 하나의 사람은 가고> 가사 중에 있는 '등이 휠 것 같은 삶의 무게여!'라는 구절 때문에 나 혼자 주저앉아 소리 없이 굵은 눈물을 뚝뚝 흘러내릴 때도 있었다. 그래서 그 노래는 들어도 또 듣고 싶은 노래가 되었다. 자신만의 독특한 빛깔을

지니고 무대에서 열창하는 그녀를 보며 힘들고 어려워도 버티면 언젠가 기쁜 날이 올 것이라는 것을 느낀다. 좋아하는 가수의 인생 여정을 자세히 알고 나서 그녀의 노래를 듣다 보면 가사가 가슴 깊숙이 스며든다. 감동이 함께 하게 된다.

 나이가 든다는 게,
 사람들의 기억 속에서 잊혀져간다는 게
 좀 쓸쓸한 생각이 들긴 하지만,
 그럼에도 불구하고
 난 아직 살아있어~~~
 가수의 허스키한 목소리의 애잔한 소리를 듣고 있으면
 이미 젊음을 소진한 나에게
 약간의 위안을 준다.
 젊은 시절의 열기는 없어도
 작은 위안이라도 내 마음에 온기를 전해주니 고맙지 않을 수 없다.
 음악으로 버틴 임 희숙 선생의 삶에 박수를 보내며,
 그 음악으로 우리를 위로해 준 그녀에게 감사의 마음을 전한다.

§

독하게
홀로
보내는 시간

죽음은 혼자 가는 길이다.

함께 늙어가며 서로 의지하고 보듬으며 살아가던 부부도 결국에는 함께 죽을 수 없다. 누구나 혼자가 되어 살다가 결국은 혼자 죽음을 맞이한다. 약과 의술이 발달해 특별한 사고나 중병만 피하면 100세까지 사는 것이 가능하다고들 말하지만, 80이 넘어서도 활기차게 사는 것은 결코 쉽지 않다. 어느 날부터는 홀로 병들고, 힘이 빠진 채 하루하루를 겨우 넘기며 결국 죽음을 맞이하게 된다.

2023년 통계청 자료에 따르면, 65세 이상 노인 973만 명 중 독거노인의 수는 1,993,334명으로, 전체의 21.1%를 차지한다. 2000년 이후 독거노인의 숫자와 비율은 꾸준히 증가하고 있으며, 앞으로도 그 수는 계속 늘어날 것으로 예상된다.

충북 보은에 홀로 사는 92세 홍 모 씨의 이야기를 들어보자.

"어버이날이 되면 괜스레 더 쓸쓸해진다. 오랫동안 요양병원에서 생활하던 아내와 3년 전에 사별하고 나니, 자녀들과 얼굴을 마주할 기회가 더욱 줄었다. 각자 살기 바쁠 텐데, 가끔이라도 챙겨주는 것만으로도 고맙다."

홍 씨는 "연금과 자녀들이 조금씩 보내주는 용돈으로 생활하고 있다."라며, "사회복지사가 가끔 찾아와 도와주기는 하지만 남자 혼자 사는 게 정말 힘들다. 조만간 요양병원에 들어가야 할 것 같다."라며 깊은 한숨을 내쉬었다.

아래 글은 한 영희의 작품 「어느 독거노인의 독백」에 나오는 내용이다.

"지금 나한테 뭐라고 한 거예요!"

"아니, 나 혼자 말한 거야."

"에?"

이 할머니가 이상해진 게 아닌가 잠시 의아해하던 중, 그 할머니는 이렇게 말했다.

"너도 혼자 살아봐. 벽을 보고 이야기할 날이 올 테니까."

이 말이 쉽게 잊히지 않는다.

1인 가구의 상당수를 차지하는 독거노인의 현실은 '화려한 싱글' 보다는 '우울한 말년'에 가깝다.

노인이 되면 대부분 삶의 위치가 달라진다. 지도층의 위치에 있던 사람이 어느새 배우는 학생의 처지가 된다. 한때 모든 것을 가르쳐 주던 어른이 손자에게 스마트폰 사용법을 배우는 처지로 변한다. 노인이 되면 사회에서 설자리가 점점 좁아진다. 노인들은 조용히, 어디에서 어떻게 존재하는지도 모르게 사라져간다. 복잡한 거리를 보면 젊은이들이 가득한데, 노인들은 드물게 보인다. 한적한 거리를 걷다 보면 놀이터에 앉아 계시거나 폐지를 주우려고 손수레를 끄는 모습이 가끔 보일 뿐이다.

오늘날 세상은 빠르게 미래지향적으로 변화하고 있다. 나이 든 사람들은 몸이 느리고 새로운 것을 익히는 데 서툴러서,

하루가 다르게 쏟아져 나오는 새로운 문물들 속에서 환영받지 못한다.

가족의 울타리가 허물어진 사회에서, 노인들은 홀로 살아간다. 스스로 혼자 살기를 선택한 독거노인도 있고, 자식들에게 외면당한 독거노인도 있다. 그들의 모습은 현대판 고려장처럼 안타깝기 그지없다. 노인에 대한 공경심은 사라지고, 이들은 작은방에서 외로움과 씨름하다 고독사에 이르는 경우도 있다. 그들의 삶은 오로지 생존을 위한 처절한 일상의 연속이다. 경로당에서 소일하며 하루를 보내는 모습이 노인의 길이라면, 그보다 더 슬픈 일이 어디 있을까.

독거노인이 되면 맞닥뜨려야 할 어려운 문제들이 많다. 대표적인 예로, 건강 문제를 들 수 있다. 병원을 가면 보호자를 불러오라는 요청을 받게 된다. 수술이나 입원을 할 때는 보증 문제가 발생할 수 있다. 설령 충분한 재정적 여유가 있더라도 보호자의 존재는 여전히 필요하다. 이 부분은 친구가 대신해 주기 어려운 문제다. 나도 간병인을 고용해 본 경험이 있지만, 간병인도 한계가 분명히 있다.

주거 문제도 큰 고민거리다. 나이가 들면 주택을 임대하기가 어려워진다. 임대인의 입장에서 독거노인은 관리하기 부담스러운 존재일 수 있다. 대화가 잘 통하지 않을뿐더러, 고독사 가능성도 있고, 치매나 건강 악화 시 대처가 어려운 문제들이 있다. 심지어 폐지를 집안에 쌓아놓는 등 관리가 어려운 상황이 생길 수도 있다. 자가를 마련했다고 해도, 상황에 맞게 이사를 가야 할 때가 있는데 이를 적절히 처리하지 못하는 경우가 많다. 집이 노후화되고 수리가 필요해도 그대로 방치한 채 살아가는 경우가 다반사다.

또한, 마음 편히 조언을 구할 사람이 없다. 가족과의 관계가 아무리 좋지 않아도 친구에게는 부족한 점이 많다. 그나마 의지하던 친구조차 독거노인일 가능성이 크다. 노후에는 배신이나 사기를 당할 가능성도 높아지는데, 이는 노인 빈곤율이 높은 이유 중 하나다.

기타 여러 문제들도 있지만, 각자 스스로 생각해 보면 독거노인이 되었을 때의 어려움이 무엇인지 알 수 있을 것이다. 따라서 조금이라도 젊을 때 미리 준비하고, 대비책을 세워 실천하는 것이 중요하다.

나 또한 은퇴를 준비하면서 대부분이 고려하는 요소들을 준비하고 있다. 자산, 건강, 사회적 관계 등을 위한 준비가 대표적인 노후 대비 3종 세트라 할 수 있다. 하지만 이 기준은 어디까지나 4인 가족이 건실할 때의 기준이다.

Plan A가 있다고 하더라도, Plan B를 준비하듯이 다른 대비책이 필요하다고 생각한다. 예를 들어, 아내가 살아 있을 때의 상황을 Plan A라고 본다면, 혼자 남았을 때를 대비한

Plan B를 준비해야 한다. 우리는 믿고 싶지 않겠지만, 신은 분명히 우리에게 소멸의 시간을 준비해 두었다. '태어나는 순서는 있어도 가는 순서는 없다'는 말처럼, 언제든 먼저 이승을 떠날 가능성에 대비한 계획을 세워야 한다는 생각이 든다.

계획을 세울 때 자산, 건강, 사회적 관계를 모두 신중하게 고려해야겠지만, 가장 먼저 생각해 봐야 할 부분은 혼자 보내는 즐거움을 갖출 수 있는 능력이라고 생각한다. 직장인들은 의외로 혼자 시간을 보내는 방법을 잘 모르는 경우가 많다. 그래서 퇴직 후에 '삼식이'라는 말을 듣게 되는 것이다. 혼자서도 시간을 보낼 줄 알 때, 비로소 진정한 어른이 되는 것이다. 나도 독거노인이 되었을 때, 당당히 나 자신을 마주할 자신감을 기르기 위해, 지금부터 혼자 시간을 보내는 능력을 키워나가야 한다.

독거노인들이 혼자 시간을 즐겁게 보낼 수 있는 활동으로는 자연과 교감하거나 취미 활동을 통해 심리적 안정과 성취감을 얻을 수 있는 것들이 많다. 예를 들면, 텃밭 가꾸기, 온라인 강좌를 통한 외국어 공부, 블로그 운영, 취미로 글 읽고 쓰기, 반려동물이나 식물 키우기, 집 주변 산책, 좋아하는 장르의 책 읽기, 온라인 독서 토론 모임 참석, 예쁜 둘레길 걷기, 게이트볼이나 탁구 치기, 음악 감상이나 연주하기, 퍼즐이나 십자말풀이, 사진 찍기, 바둑이나 체스 같은 두뇌 게임, 건강한 음식 만들기, 봉사활동, 영화 보기, 자전거 투어, 식당 혼자 가기, 독립 서점이나 대형 서점 둘러보기, 기차 여행, 서예 하기, 과수나무 키우기 등 무궁무진한 활동들이 있다.

이렇게 다양한 활동을 통해 스스로를 즐겁게 만드는 능력을 길러나가면, 어느 날 독거노인이 되었을 때에도 자신을 잃지 않고 행복한 삶을 유지할 수 있을 것이다.

나는 아내가 오랫동안 병원에 입원해 있어서 늘 혼자 지낸다. 사실상 독거노인이나 다름없다. 그렇지만 나는 하루를 하고 싶은 것, 좋아하는 일들로 가득 채우며 바쁘게 보낸다. 내가 좋아하는 글을 읽고 쓰며 4~5시간을 보내고, 집 근처 강변 오솔길을 1시간 30분 정도 산책하며, 건강한 음식을 만들며 1시간을 할애한다. 긴 여운이 남는 드라마나 실화를 바탕으로 한 영화를 1~2시간 감상하고, 못 가본 작은 도시로 당일치기나 1박 2일 여행을 다녀오기도 한다. 또 유튜브로 건강 관련 강좌를 1시간 듣고, 2주일에 한 번은 외출복을 갖춰 입고 격조 있는 레스토랑에서 가족들과 함께 식사를 즐긴다. 또한 손자에게 앞으로 멘토가 될 수 있도록 365일 자필 명상 노트를 작성하고 있다.

이렇게 매일 계획을 세우고 실천하다 보면, 혼자 보내는 시간도 빠르고 즐겁게 흘러간다. 이러한 일상은 나의 행복을 위한 '안전벨트' 같은 존재다. 과거에는 자식들이 부양의 의무를 졌지만, 이제는 그 책임이 사회로 옮겨갔다. 그러나 우리의 복지 시스템은 기초는 갖춰져 있으나 깊이는 부족하다. 봉사자들이나 사회복지 요원들에게만 의지할 수는 없는 현실이다. 그래서 나는 나 스스로 여명의 소중한 시간을 쪼개어, 내가 하고 싶은 일, 좋아하는 일에 독하게 홀로 보내는 시간을 가져본다. 스스로 자신을 유폐시킴으로써 스스로 일상의 굴레에서 빚어지는 소모감으로부터 벗어나 보자. 그렇게 하면 나의 독거노인 인생이 즐겁고 건강하게 유지될 수 있지 않겠는가.

어느 날 오후, 평소처럼 집 주변의 솔숲 오솔길을 산책했다. 산책 도중 햇볕이 따뜻하게 내리쬐는 벤치에 앉아 하늘을 바라보았다. 하늘은 언제나 같은 듯하면서도 매번 다른 모습을 보여준다. 따스한 햇볕을 받으며 집에서 가져온 캐모마일 차 한 잔을 마시며 여유를 즐긴다. 일상에 익숙해진 탓인지 오늘따라 특별한 근심거리가 없는 것이 오히려 따뜻한 찻잔에서 느껴지는 작은 행복으로 다가온다. 누가 뭐라 해도 상관없다. 이곳 벤치에서 홀로 있는 이 순간이 바로 행복 아니겠는가? 지금 이 순간, 이곳에 무엇이 부족하단 말인가? 더 무엇을 바랄 것인가. 이것이야말로 나름 독거노인으로서 혼자 보내는 즐거움 중 하나다.

나이가 들고 평균 수명이 길어짐에 따라 고령화가 심화되고 있다. 결국 누구나 예외 없이 독거노인이 될 수 있다. 지금까지 어떻게든 살아남았다는 것은 앞으로도 무언가를 할 수 있다는 뜻이다. 우리의 생명은 신께 속한 것이고, 신이 허락하신 작품이다. 그러므로 독거노인으로 살아가더라도 나는 나 자신을 소중히 여기며, 생명의 존엄성을 간직한 채, 삶의 마지막 순간까지 의미를 알고 최선을 다하며 책임감을 갖고 살아가고 싶다. 신이 내게 맡기신 소임을 열정적으로 수행하며 말이다.

　노인이라는 이름은 참으로 아름답다. 그 이름은 긴 강을 건너온 이름이자, 높은 산을 넘어온, 나이테가 깊이 새겨진 이름이다. 섭섭했던 시간들을 햇볕에 널어 말리고, 감사했던 날들을 품에 안아보는 주름진 이름이다. 언젠가 독거노인으로 살다가 떠오르는 아침 햇살처럼, 신이 허락하신 삶을 마무리할 때, 신이 부르시면 이 세상의 모든 것을 내려놓고 기쁜 마음으로 생을 마감할 수 있다면, 그것만큼 행복한 일이 또 어디 있을까.

반복되는 비극,
언제쯤 멈출까

서울 용산구 이태원동에서 2022년 10월 29일 밤 10시경, 핼러윈 축제를 즐기려 수만 명의 인파가 몰렸다. 그중 해밀톤 호텔 옆 좁고 경사진 5.5평 골목에서 대형 압사 사고가 발생해 158명이 사망하고 196명이 부상을 입었다. 희생자의 규모는 국내뿐 아니라 세계적으로도 손에 꼽힐 만큼 충격적이었다. 2014년 세월호 참사 이후, 우리는 또 한 번 수많은 꽃다운 생명을 잃는 비극을 맞이했다.

2024년 6월 24일에는 경기 화성시의 일차전지 제조공장에서 대형 화재가 발생해 22명이 사망하고 8명이 부상을 당했다. 이어서 2024년 12월 29에 무안 제주항공기 사고로 탑승자 181명 중 179명이 사망한 것으로 확인되었다. 사고 원인으로는 착륙 직전 새와의 충돌로 인해 오른쪽 엔진에 화재가 발생하였고, 랜딩기어가 작동하지 않아 동체 착륙을 시도하던 중 활주로를 이탈하여 공항 외벽과 충돌하면서 폭발이 발생한 것으로 추정하고 있다. 이러한 대형 참사에 희생된 억울한 영혼들을 위로하듯, 지금 창밖으로 쓸쓸한 비가 내리고 있다.

국립재난안전연구원에 따르면, 1964년부터 50여 년 동안 10인 이상의 사망자가 발생한 대형 재난은 277건이었다. 이는 두 달에 한 번꼴로 대형 참사가 일어났다는 의미다. 사망자 수가 10명이 되지 않는 사고까지 포함한다면, 대한민국이 '참사 공화국'이라는 표현이 결코 과장이 아님을 알 수 있다.

1970년대 와우아파트 붕괴(33명 사망, 39명 부상), 대연각

호텔 화재(163명 사망, 63명 부상), 1980년대 러시아 KAL기 격추 사건(269명 사망), 1990년대 성수대교 붕괴(32명 사망, 17명 부상), 삼풍백화점 붕괴(502명 사망, 1,000명 부상), 아시아나 여객기 추락사고(68명 사망), 구포역 열차 충돌 사고(78명 사망, 198명 부상), 괌 대한항공 여객기 추락사고(229명 사망, 25명 부상), 1999년 경기 화성 씨랜드 청소년 수련원 화재(유치원생 23명 사망, 5명 부상), 2003년 대구 지하철 참사(192명 사망, 148명 부상), 2011년 우면산 산사태(19명 사망), 밀양 세종병원 화재(52명 사망, 140명 부상) 등 참사는 헤아릴 수 없이 많다.

그리고 최근의 2022년 이태원 압사 참사와 2024년 화성 배터리 공장 화재 사고 및 무안 제주항공기 사고에 이르기까지, 우리는 왜 계속해서 비참한 사고와 익숙한 슬픔을 반복해야 하는지, 왜 우리의 안전이 끊임없이 위협받아야 하는지 묻지 않을 수 없다.

겉만 번지르르하게 꾸며졌지만, 속은 텅 빈 강정처럼 부실한 시설들이 결국 허물어지고 금이 가며 가라앉아, 많은 인명과 재산 피해를 야기한 안전사고들은 이루 다 열거할 수 없을 정도다. 대부분은 인재(人災)로 인해 많은 사람들이 목숨을 잃었다. 이제 국민은 더 이상 어디에도 안전한 곳이 없다고 믿는다. 그 속에서 유가족들이 겪는 슬픔과 고통은 말로 다 할 수 없을 만큼 참담할 것이다.

국민의 안전 불감증에 더해, 생명과 안전을 책임져야 할 정부의 미숙한 재난 대응과 경찰, 지방자치단체의 안일한 태도는 국민들에게 실망을 넘어 위기와 불안, 나아가 분노를 일으킨다. 반복되는 대형 참사들을 보며 "이게 나라냐?"라는 물음이 나올 정도로, 우리 사회의 국민 안전 시스템이 총체적으로 실종된 현실을 여실히 드러낸다.

 이러한 사회적 불안 심리를 반영하듯, 시중에는 '대형 사고 10년 주기설', '20년 주기설'이 떠돌기도 한다. 통계를 살펴보면 대형 사고는 평균적으로 3년 4개월 주기로 발생한다고 하며, 성수대교 붕괴 사고부터 진도 세월호 침몰 사고까지 계산해 보면 그 주기가 맞아떨어진다는 이야기도 있다. 또한, 한국이 5천 년 동안 14차례 외침을 받았다는 역사적 사실을 나눠 보면, 340년이라는 주기가 나온다는 주장도 있다. 아마도 이러한 주기설은 과거의 대형 사건들이 일정한 간격으로 반복되었다는 인식에서 비롯된 것일 것이다.

 돌이켜보면, 우리는 참으로 많은 충격적인 메가톤급 사건과 사고를 겪어 왔다. 이로 인해, 외신마저도 대한민국을 '사고 공화국'이라고 부르며 부끄러운 오명을 남겼다. 지금 우리 앞에 놓인 믿기 힘든 현실은 큰 자괴감으로 다가온다. 과연 앞으로 우리 사회가 어떻게 나아갈 것인지, 그 미래가 심히 걱정스럽기만 하다.

 정부는 늘 그렇듯 "이번 사고를 거울삼아"라는 말로 담화를 시작할 것이다. 이어 충분한 보상과 재발 방지를 외치며 특별 종합 대책을 수립하고, 일부 관련자들을 사법 처리할 것이다. 또한 이번 사고가 미리 막을 수 있었던 재난이라고 말할 것이다. 그러나 이제는 더 이상 그런 말을 듣고 싶지 않다. 그리고 이제는 그런 말들을 믿는 사람도 거의 없을 것이다.

우리는 언제까지 어른, 아이 할 것 없이 매사에 목숨을 걸고 살아야 하며, 비명횡사하지 않은 걸 다행으로 여겨야 하는 걸까? 그러나 중요한 것은 이러한 사고들이 천재지변이 아니라는 점이다. 오히려 우리 사회의 안전 불감증이 빚은 인재(人災)다. 재난을 예방하는 상시 시스템과 법규, 안전수칙을 제대로 만들고 이를 생활화했다면 얼마든지 막을 수 있었던 사고들이다. 우리 사회는 대형 사고가 터질 때마다 진상조사, 관련자 처벌, 안전대책을 외치지만 그때뿐이다. 시간이 지나면 언제 그랬냐는 듯 잊어버리고, 결국 같은 일이 반복된다.
하지만 우리에게 남은 몫은 고통을 분담하고, 뼈를 깎는 아픔을 통해 더 이상의 인재(人災) 사고를 최소화하는 것이다.

우리나라가 진정한 선진사회로 나아가려면, 이런 후진국형 인재(人災)를 최소화하여 '사고 공화국'이라는 오명에서 벗어나야 한다. 이를 위해 몇 가지 제언을 하고자 한다.
첫째, 졸속행정, 탁상행정, 전시행정을 지양해야 한다.
둘째, 우리 사회의 고질적인 '설마주의'와 '적당주의'가 안전 불감증을 키우기 때문에, 이를 해결하기 위해 학교, 대학, 직장에서 범국민적인 안전 교육이 필수적이다.

 셋째, 사고는 육지, 바다, 공중 어디서든 일어날 수 있으며, 온라인과 오프라인을 가리지 않기 때문에, 안전 관리의 사각지대를 치밀하게 찾아내고 대응책을 마련해야 한다.

 이러한 노력이야말로 우리 사회가 안전한 사회로 나아가는 길일 것이다.

 우리나라는 IT 강국으로 알려져 있지만, 보안 측면에서 허점과 취약점이 많다는 지적을 받고 있다. 사이버 공격의 위험도 상존하는 만큼, 이에 대비한 비상안전망(Contingency plan) 구축과 철저한 보안 장치가 필요하다. 안전은 아무리 강조해도 지나치지 않다는 말이 있지 않은가.

 "소 잃고 외양간 고친다."라는 속담이 있다. 이는 사고나 사건, 낭패를 당하고 나서야 뒤늦게 아무 소용 없는 후회와 준비를 한다는 뜻이다. 그러나 소를 잃은 후라도 외양간을 고치는 것이 너무나 절실하고 필요하다는 현실을 우리는 보고 있다. 문제는 소를 잃고도 외양간을 제대로 고치지 않아 같은 안전사고가 반복된다는 것이다.

 "빨리빨리, 건성건성, 대충대충"이 아니라 "차근차근, 차례차례, 차곡차곡" 생각하고 일을 처리해야 한다. 결국 소를 잃고 나서라도 외양간을 제대로 고치는 것이 매우 중요하다.

우리나라의 무능과 무책임은 입시 위주, 객관식, 암기식 요령에 치우친 교육에서 비롯된다고 할 수 있다. 독일에서는 인간의 자질을 이론적 지식이 아닌 실무 능력(Tatkraft)에 두고 있다. 단순한 지식이 아니라 실제 문제와 위기를 해결할 수 있는 능력이 중요한 것이다. 우리나라 교육도 고등교육 단계에서 전인(Generalist)보다는 전문인(Specialist)을 육성하는 방향으로 나아가야 한다. 실업 교육, 직업 교육, 장인 교육의 중요성을 강조해야 한다. 하지만 현재 우리 사회는 이러한 전문직을 천시하는 경향이 강하다. 이는 미국식 단선형 학제의 영향도 크다. 단선형 학제에서는 모든 직업을 대학 진학과 연계해 평가하기 때문에 비 대학 출신자는 제대로 대우받지 못하는 현실이다. 이에 따라 교육 제도를 복선형 학제 등 다양한 가치 체계로 바꾸어야 한다.

 졸업시험을 강화해 독창적인 지식 산출 능력을 측정하고, 장인적인 과목에서는 졸업 작품을 필수로 제출하게 해야 한다. 이런 교육 과정을 통해 책임감과 도덕성은 자연스럽게 길러질 것이다.

 우리 국민들의 안전 불감증과 급한 성품을 바꾸는 것은 쉽지 않아 보인다. 하지만 국민의 생명과 안전을 무한히 책임져야 할 정부의 역할은 막중하다. 세계 10대 경제 강국이자 손흥민과 방탄소년단을 보유한 대한민국에서 더는 어처구니없는 대형 참사가 발생하지 않도록, 우리는 소 잃고 외양간을 반드시 제대로 고쳐야 한다.

나이만 먹는 어른이 아닌, 진짜 어른 되기

눈 한 번 깜빡였더니 어느새 70대 중반의 노인이 되어 있다. 나이가 드니 병원에 가는 일도 점점 잦아진다. 전립선 비대증 같은 노인성 질환 때문에 비뇨의학과 접수대에 갔더니, 간호사가 말했다.

"어르신, 우리 병원에서 카톡으로 예약 내용을 안내해 드렸을 텐데요. 그 카톡에 나와 있는 병원 등록번호를 이 기계에 비추시면 접수가 완료됐다는 메시지가 나옵니다."

접수를 마치고 대기 중인 다른 노인들과 함께 앉아 전광판에 표시된 내 진료 순서를 바라본다. 진료를 받기 위해 늘 긴 시간을 기다린다. 정작 진료 시간은 고작 몇 분인데, 이렇게 시간을 낭비하고 있는 게 답답하다. 눈을 감고 한숨을 쉬다가 문득 간호사가 나를 '어르신'이라고 부른 말이 떠올랐다. 그러자 어릴 적 불렀던 동요 <나 어른이 되면>의 가사가 머릿속에 맴돌기 시작했다.

나 어른이 되면
엄마 손에 물 안 묻히고 살게 해드릴래요.
나 어른이 되면
아빠 허리 굽히지 않게 해 드릴래요.
나 어른이 되면
엄마 아빠 마음 아프지 않게
사랑하며 살래요.

이 노래를 부르며 나도 어른이 되면 주변 어른들의 모습을 반면교사 삼아 정말 어른다운 어른이 되겠다고 다짐하곤 했다. 그런데 그렇게 바람을 품고 살던 내가, 세월의 물살에 떠밀려 이제 진짜 어른이 되었다. 그런데 간호사가 말한 것처럼 나는 과연 진짜 '어른'인가? 아무런 준비 없이 '어른'이라는 이름표를 달다 보니, 신체적으로는 어른이 되었어도 여전히 매사에 모범적이지 못하고 나이만큼 어른답지 못한 모습이 많다.

어린 시절, <나 어른이 되면>을 부르며 꿈꾸었던 내 미래의 자화상은 어디로 사라졌을까. 대신 내가 그토록 싫어했던 옛날 어른들과 똑같은 얼굴이 거울 속에서 나를 비웃고 있다. 부끄러움에 고개를 숙일 수밖에 없다.

어른은 어떤 사람이어야 할까?
'어른'이라는 단어는 고대 한국어의 '어르다'에서 유래했다. '어르다'는 '크다' 또는 '자라다'라는 뜻을 가진 동사로, 이는 단순히 육체적인 성장뿐 아니라 정신적, 사회적 성장까지 아우르는 넓은 개념이었다.

국어사전에서 '어른'이란 '자라서 자기 일에 책임을 질 수 있는 사람'으로 정의되지만, 어른다운 어른은 그 이상의 의미를 지닌다. 책임감, 타인에 대한 배려, 공동체를 위한 헌신, 그리고 도덕적 모범을 보이는 사람이야말로 진정한 어른이라 할 수 있지 않을까.

오늘날 우리 사회 곳곳에서 '우리 사회에는 어른이 없다'는 한탄을 자주 듣는다. 이는 곧 어른다운 어른, 더 나아가 큰 어른이 부족하다는 뜻일 것이다.

2009년 사랑을 최고의 가치로 실천한 김 수환 추기경께서 세상을 떠났을 때, 언론은 <큰 어른, 돌아가시다>라는 제목으로 그를 추모했다. 지성과 감성이 조화를 이룬 한국의 문화적 거장 故 이 어령 선생님(1934~2022), 자유와 정의를 향해 열정적으로 살아온 故 김 동길 박사님(1928~2022). 이분들은 모두 우리 사회의 큰 어른들이었다.

이분들은 타인을 배려하고 공동체의 가치를 지키며 헌신했던 분들로, 우리 사회에 빛을 밝혀준 큰 별들이었다. 요즘 흔히 '꼰대는 있어도 어른다운 어른은 없다'고 하지만, 여전히 어르신다운 올곧은 분들이 많이 계시지 않겠는가. 다만, 진정한 어른의 역할을 하는 분들이 점점 드물어지는 것이 오늘날 우리 사회의 아픔이자 시대의 슬픔일 것이다.

이 큰 어른들을 본보기로 삼아 나의 과거를 돌아보면 부끄럽기 그지없다. 어릴 적 꿈꾸었던 어른다운 내 자화상은 어디론가 사라져 버리고, 대신 남들보다 더 많은 부를 가지려, 더 높은 자리에 오르려 아등바등했던 소승적인 삶의 흔적만 남아 있다. 너무도 초라한 나 자신을 마주하니 후회와 번민이 가득하다. 그러나 그 후회 속에서 여생을 허비할 만큼 내 시간은 넉넉하지 않다.

일흔을 훌쩍 넘긴 지금, 세월의 흔적은 고스란히 내 몸과 마음에 남아있다. 머리는 하얗게 세어 가고 얼굴에는 검버섯이 자리를 잡았다. 하지만 진정한 어른으로서 살아가겠다는 다짐은 아직도 마음 한구석에 생생히 살아있다. 나는 이제 단순히 나이를 먹는 노인이 아닌, 나 자신을 넘어 타인과 사회에 따뜻한 빛을 전하는 어른다운 어른이 되고자 한다.

 어른다운 어른으로 살아간다는 것은 어떤 의미일까?
 그것은 더 이상 나 자신의 이익만을 좇지 않고, 내가 가진 것을 나누며 주변 사람들과 세상을 밝히는 삶을 의미한다. 나에게 주어진 시간은 무한하지 않다. 그러니 남은 날들을 어떻게 살아갈 것인지 깊이 고민해야 한다.
 진정한 어른이 되기 위해 내가 첫 번째로 해야 할 일은 내 가족에게 더 따뜻한 사람이 되는 것이다. 아내와 자녀, 그리고 손주들에게 지나간 시간 동안 충분히 전하지 못했던 사랑과 감사를 표현하고 싶다. 가족과의 대화를 더욱 깊이 나누고, 그들이 느끼는 기쁨과 슬픔에 진심으로 공감하는 어른이 되고자 한다. 나의 진심이 담긴 행동이 그들의 삶에 작은 위안과 기쁨을 더할 수 있다면 그것만으로도 내 삶은 더없이 값질 것이다.
 또한, 이웃과 사회를 향한 배려와 헌신이야말로 진정한 어른의 본분이다. 나는 이제 가진 것을 나누는 기쁨을 배울 때가 되었다. 주변의 어려운 이웃들에게 작은 도움이라도 줄 수 있는 일들을 찾아야겠다. 봉사활동에 참여하거나, 힘든 시간을 보내는 사람들에게 손을 내미는 것도 좋다. 비록 내 손길이 크고 거창하지는 않더라도, 진심 어린 도움은 그들에게 큰 힘이 될 것이다.

더 나아가, 나는 나 자신을 끊임없이 성찰하고 성장시키는 어른이 되고 싶다.

세월이 지나면서 새로운 것을 배우는 일이 쉽지 않음을 느끼지만, 나는 배움을 멈추지 않을 것이다. 독서를 통해 지혜를 쌓고, 세상에 대한 관심을 놓지 않으며, 변화를 받아들이고자 노력할 것이다. 열린 마음과 따뜻한 시선으로 세상을 바라보며, 내가 마주하는 매 순간에 감사하는 법을 익혀야겠다.

김 수환 추기경께서 늘 강조하셨던 "사랑이 없으면 아무것도 아니다."라는 말씀처럼, 나도 남은 생을 사랑으로 채우고 싶다. 나와 다른 의견을 가진 사람들을 포용하고, 작은 다툼조차 화해로 마무리하며, 내가 서 있는 자리에서 평화와 화합을 이루기 위해 힘쓰겠다.

어른다운 어른이 되는 길은 거창하지 않다.

이 여정은 매일 반복되는 일상 속 작은 실천에서 시작된다. 아침에 가족에게 미소로 인사하기, 낯선 이에게 따뜻한 말을 건네기, 불편한 상황에서도 감사함을 되새기기 같은 소소한 행동들이 쌓여 내 삶을 어른다운 삶으로 변화시킬 것이다.

머지않아 나도 세상과 작별할 날이 오겠지만, 그날이 오기 전까지 나는 내가 할 수 있는 일을 다 하며 살고 싶다. 내 존재가 큰 변화를 일으키지 못하더라도, 나로 인해 내 가족과 이웃들이 조금이라도 더 행복해질 수 있다면 그걸로 충분하다. 진정한 어른으로 살아가는 일은 단순히 내 삶을 채우는 것이 아니라, 이 세상에 따뜻한 유산을 남기는 일이 될 것이다.

 이제부터 나는 하루하루를 나 자신과 세상을 성찰하며, 조금 더 나은 어른으로 성장하는 날들로 만들고자 한다. 내가 걸어온 길이 비록 평탄하지 않았더라도, 남은 길을 걸어가며 어른다운 내공을 쌓아가고 싶다. 내가 남길 수 있는 가장 귀한 유산은, 내가 살아온 삶의 흔적이 누군가에게 작은 빛이 되어주는 것이다. 이 다짐을 품고 앞으로 나아가겠다.

마지막 기러기의 노래

2024년 12월, 한 해를 마무리하며 여러 송년 모임에 참석할 기회가 많아졌다. 특히 올해 고시 동기회 송년 모임은 깊은 여운을 남겼다.

 중국음식점의 둥근 식탁에 동기들이 삼삼오오 모였고, 내가 앉은 자리에는 우연히 나의 모교인 K 고등학교 출신 네 명이 함께했다. 이야기가 자연스럽게 건강과 음악으로 이어졌고, 급기야 K 고 출신들이 돌아가며 노래를 부르게 하자는 제안이 나왔다. 내 차례가 되어 떨리는 마음으로 무대에 오른 나는 <이별의 노래>를 선택했다. 이 노래는 애절하면서도 한 시대의 정서를 품은 곡이라, 내게 각별한 의미를 지니고 있었다. 노래가 끝난 뒤 동기들의 따뜻한 박수는 나를 위로하였고, 또 한편으로는 그 곡에 담긴 이야기를 되새기게 했다.

 <이별의 노래>는 단순히 애창되는 가곡이 아니라, 시인 박목월(1916~1978)의 인생과 사랑, 그리고 갈등을 압축적으로 담아낸 작품이다. 박 목월은 한국의 대표적인 서정시인이자 박 두진, 조 지훈과 함께 청록파의 일원으로, 맑고 단아한 시 세계를 펼쳤다. 「상록수」, 「나그네」등 그의 작품 속에는 자연과 인간의 순수한 교감이 살아 숨 쉬었으나, 그의 개인적 삶은 한 편의 드라마처럼 복잡하고도 아팠다.

 1950년대 초, 박 목월은 한 젊은 문학도와 운명적인 사랑에 빠졌다. H 양은 시를 사랑하던 대학생이었고, 두 사람은 서로의 문학적 감성을 통해 가까워졌다. 그러나 이 사랑은 단순한

연애로 끝나지 않았다. 당시 이미 가정을 이룬 박 목월에게 이 관계는 큰 부담이었으며, 결국 두 사람은 이룰 수 없는 사랑에 대한 갈등과 고통 속에서 제주도로 도피했다.

제주도에서의 짧은 행복도 오래가지 못했다. 박 목월의 아내는 그를 찾아 제주로 향했고, 뜻밖에도 그녀는 분노나 비난 대신 성숙한 태도로 두 사람을 마주했다.

아내는 남편에게 생활비와 겨울옷을 건네며 말했다.

"힘들지 않으세요?"

그 말 한마디는 단순한 위로를 넘어, 그녀가 얼마나 깊은 인내와 사랑으로 남편을 품고 있는지를 보여주었다.

아내의 태도는 박 목월과 H 양 모두에게 큰 영향을 미쳤다. 특히 아내의 헌신과 희생은 박 목월로 하여금 자신이 감당해야 할 책임을 되새기게 했다. 그는 결국 가정으로 돌아가기로 결심했으며, H 양도 자신의 사랑이 한 가정을 파괴할 수 있다는 사실을 받아들이고 떠날 준비를 했다.

이별의 순간, 박 목월은 H 양에게 자신의 마음을 담아 쓴 시 한 편을 건넸다. 바로 이 시에 김 성태 선생님이 곡을 붙여 탄생한 것이 <이별의 노래>이다.

박 목월과 H 양의 사랑은 격정적이었지만, 그 끝은 이별과 희생으로 마무리되었다. 시간이 흘러 박 목월은 가정으로 돌아가 문학적 업적을 남겼고, H 양은 다른 삶의 길을 걸었다.

그러나 그들 모두에게 이 관계는 지워지지 않는 흔적이었을 것이다.

이 이야기는 한 개인의 사랑과 욕망, 그리고 책임과 갈등이 교차한 복합적인 인간사를 보여준다. 무엇보다도 이 관계 속에서 빛났던 것은 아내의 지혜롭고도 성숙한 대처였다. 그녀는 갈등 속에서도 남편을 지키고 가정을 지키기 위해 감정을 넘어선 태도를 보여주었고, 이는 단순한 사랑 이상의 헌신이었다.

사랑은 때로 아름다우면서도 아프다. 박 목월의 <이별의 노래>는 단순한 가곡이 아니라, 인간관계의 복잡한 이면과 갈등을 예술로 승화한 작품이다. 오늘날 우리는 과거의 사랑 이야기를 미화하기보다, 그 속에서 교훈을 찾고 더 나은 삶의 방향을 모색해야 한다. 이 곡이 가진 매력은 단순히 애절한 멜로디에 있는 것이 아니라, 인간적인 아픔과 성숙한 대처, 그리고 그 모든 과정을 시로 승화시킨 문학적 힘에 있다.

내가 대학 시절, 박 목월 시인에게 교양 강좌 한 과목을 들었던 기억이 있다. 학(鶴)과 같았던 젊은 박 목월 시인의 강의하던 모습이 아른거린다. 참으로 그리운 분이다. 그리워하는 마음을 가슴에 담고 유튜브로 <이별의 노래>를 검색했다.
귓가에 울려 퍼지는 노랫가락이 가슴을 저미게 한다.

이별의 노래

기러기 울어 예는 하늘 구만리
바람이 싸늘 불어 가을은 깊었네,
아아 너도 가고 나도 가야지,

한 낮이 끝나면 밤이 오듯이
우리의 사랑도 저물었네,
아아 너도 가고 나도 가야지,

산촌에 눈이 쌓인 어느 날 밤에
촛불을 밝혀두고 홀로 울리라,
아아 너도 가고 나도 가야지,

§

예술로
피어난
영원의 우정

우정이란 뭘까?

여러 가지 정의가 있겠지만 철학자 몽테뉴의 「수상록」과 법정 스님의 「무소유」에 나와 있는 글들을 통해 읽을 수 있는 우정에 대한 관점은 서로 다소 차이가 있지만, 이를 통합 정리해 보면

"진정한 우정이란 영혼과 마음이 하나로 어우러져 소유나 이익을 넘어서 서로의 성장을 돕는 깊은 이해와 나눔의 관계이다."로 요약할 수 있다.

시인, 수필가, 소설가, 화가와 같은 창작자들은 작품을 빚어내는 과정에서 겪는 어려움이 많다. 새로운 것을 만들어야 한다는 압박감은 때로는 영적인 고갈로 이어지기도 하고 예술가로서의 삶은 종종 경제적 안정과 거리가 멀어 창작의 자유를 제약받기도 한다.

또한 창작물은 세상에 공개되면서 긍정적인 평가를 받지 못할지도 모른다는 불안, 비판에 대한 두려움은 창작자들에게 큰 스트레스를 유발하기도 한다.

이와 같은 창작자들이 겪는 고통은 창작의 필연적인 과정인데 이러한 고통을 겪어가는 과정에서 예술 분야의 장르를 떠나 서로 깊은 우정을 나누면서 그 어려움을 이겨낸 깊은 예술적 연대 이야기를 아래 함께 공유한다.

박 목월과 황 순원

박 목월과 황 순원은 1930년대 후반 경성제국대학에서 문학 활동을 시작하며 처음 인연을 맺었다. 두 사람은 문학적 관심사가 비슷했고, 특히 한국적인 정서를 문학에 담고자 하는 열망이 강했다.

박 목월(1916.1~1978.3)은 자연과 인간의 정서를 서정적으로 표현하는 시로 주목받았다. 대표작으로는 《청노루》와 《나그네》 등이 있다.

황 순원(1915.3~2000.9)은 인간의 본성과 따뜻한 휴머니즘을 섬세하게 묘사하는 소설로 유명했다. 대표작으로 《소나기》와 《학》이 있다.

서로의 작품을 존중하고 문학적 고민을 나누며 두 사람의 관계는 깊어졌다.

이들의 우정을 상징적으로 보여주는 사례가 바로 아들들의 이름이다. 박 목월과 황 순원은 "서로의 우정을 기리기 위해 아들의 이름을 같은 '동규'로 짓자."라고 약속했다.

박 목월의 아들은 박 동규, 황 순원의 아들은 황 동규로 이름 지어졌다. 흥미롭게도 두 아들은 각각 서울대학교 교수로 활동하며 아버지들의 문학적 유산을 이어가는 듯한 삶을 살았다. 이는 두 작가의 우정이 단순히 개인적인 감정의 교류를 넘어, 후세에도 이어질 정도로 깊고 강렬했음을 보여준다.

이 상과 구 본웅

이 상과 구 본웅은 경성부(현 서울)에서 처음 만났다. 두 사람은 비슷한 나이였으며, 당시 문학과 예술에 대한 열정을 공유하며 자연스럽게 친해졌다. 이 상이 문학과 건축 설계를 통해 예술적 세계를 탐구했다면, 구 본웅은 서양화가로서 한국에 새로운 화풍을 소개하고자 했다.

이 상(1910.9~1937.4)은 실험적이고 난해한 구조와 언어로 유명한데 대표작으로는 《날개》(단편소설), 《오감도》(시와 산문이 결합된 연작시)등이 있다. 그는 구 본웅의 실험적인 화풍과 시각적 언어에서 영감을 얻어 자신의 문학적 실험을 확장했다.

구 본웅(1906.9~1953.2)은 한국 근대미술사에서 초현실주의와 표현주의 화풍을 도입한 화가로, 이 상을 모델로 한 여러 초상화를 그렸는데 그의 대표작은 《이 상의 초상화》, 《자화상》 등이 있다.

이들의 우정을 상징적으로 보여주는 것은 구 본웅이 이 상을 모델로 한 여러 초상화를 그렸는데 그의 대표작이 《이 상의 초상화》라는 것과 이 상이 소설과 시를 발표하며 문단에서 자리 잡을 수 있도록 다양한 인맥을 통해 도움을 준 것으로 알려져 있다. 또한 이 상이 폐결핵으로 고생하면서 경제적으로 매우 어려운 시기에 구 본웅이 그의 곁을 지키며 물심양면으로 그의 창작활동을 도왔다.

이 효석과 김 유정

이 효석과 김 유정은 1930년대 후반 경성(서울) 문단에서 처음 만났다. 두 사람 모두 당시 구인회라는 문학 동인회에 속해 있었는데, 이 모임은 창작에 대한 열정과 새로운 문학적 흐름을 추구하는 작가들의 집단이었다.

이 효석(1907.2~1942.5)은 서정적이고 세련된 문체로 도시적 감각과 인간의 내면세계를 탐구했으며, 대표작으로는 《메밀꽃 필 무렵》이 있다.

김 유정(1908.1~1937.3)은 한국의 대표적인 단편소설 작가로, 주로 농촌과 가난한 사람들의 삶을 사실적이고 해학적으로 묘사한 작품으로 잘 알려져 있고 대표작으로는 《봄봄》, 《동백꽃》 등이 있다.

이들의 우정은 김 유정이 젊은 시절부터 결핵에 시달리며 건강이 좋지 않았었는데 병세가 악화되던 시기, 이 효석은 그를 물심양면으로 돕고자 노력하면서 더욱 깊어갔다. 김 유정이 요양 중일 때 이 효석은 그를 찾아가 함께 이야기를 나누며 문학적 위로를 건넸다고 한다.

이 효석은 김 유정의 작품 세계를 진심으로 존중하며, 그의 재능이 세상에 더 알려지길 바랐다. 김 유정의 글을 적극적으로 문단에 소개하며, 그가 자신의 한계를 뛰어넘을 수 있도록 격려했다.

김 환기와 김 광섭

 김 환기와 김 광섭은 1950년대 한국 예술계의 중심에서 활동하며 자연스럽게 교류하기 시작했다. 당시 문학과 미술은 서로에게 영감을 주는 중요한 관계였고, 두 사람은 이러한 문화적 흐름 속에서 연결되었다. 두 예술가는 서로의 작품에 깊은 감명을 받으며 우정을 나눴다. 김 환기는 김 광섭의 시에서 시각적 영감을 얻었고, 김 광섭은 김 환기의 그림에서 시적 영감을 얻었다고 알려져 있다.

 김 환기(1913.2~1974.7)는 한국 근대 미술을 대표하는 화가로, 서양의 추상주의와 한국 전통미를 융합한 독창적인 작품 세계를 구축했으며 그의 대표작으로서는 《어디서 무엇이 되어 다시 만나랴》와 《산월》 등이 있다.
 김 광섭(1905.11~1977.12)은 한국 현대시의 초창기를 대표하는 시인으로, 그의 시는 정적이고 사색적인 분위기를 띠며, 자연과 시간, 인간의 고독을 깊이 성찰하고 있는데 그의 대표적인 작품은 《성북동 비둘기》와 《저녁에》 등이 있다.

 이들의 우정은 김 환기가 김 광섭의 시집 《성북동 비둘기》에 삽화를 그리며 두 사람의 예술적 협력을 구체화했다. 이 시집은 김 환기의 회화적 감각과 김 광섭의 시적 감성이 조화롭게 어우러진 작품으로, 한국 예술사에서 중요한 협업 사례로 남아 있다. 김 광섭은 김 환기의 작품을 두고 "그의 그림은 시와 같다"라고 평하며 깊은 존경을 표했다. 김 환기의 작품 《어디서 무엇이 되어 다시 만나랴》는 김 광섭의 시 《저녁에》의 마지막 구절을 딴 제목으로 인하여 이 그림은 더욱 시적이고 명상적인 것으로 느껴진다.

두 사람 모두 고독, 자연, 우주, 시간이라는 주제를 탐구하며 이를 각자의 언어로 표현했다.

김 환기의 작품에서 보이는 푸른 점묘와 추상적 공간은 김 광섭의 시에서 느껴지는 정적과 공명하며, 이들의 작품은 서로를 비추는 거울처럼 작용한다.

대부분의 사람들은 노년의 행복을 좌우하는 요소로 돈과 건강을 꼽지만, 사실 친구 또한 그에 못지않게 중요한 행복의 원천이다. 우리는 출세하고 부를 쌓는 데만 신경을 쓰며 달려왔지만, 진정한 우정을 쌓는 법은 종종 잊고 산다.

헤밍웨이는 62세의 나이에 스스로 목숨을 끊으며 생을 마감했다. 많은 학자들은 그의 자살 원인으로 우울증을 지목하고 있다. 젊은 시절에는 여성들과의 관계를 즐겼던 그가, 나이가 들면서는 남자 친구들과 더 깊은 유대감을 형성한 것으로 보인다. 그러나 친구들이 하나둘 세상을 떠나며 홀로 남게 되었고, 이것이 그에게 큰 외로움과 우울감을 안겨줬을 가능성이 있다고 추정된다.

이처럼 '진심으로 당신의 고통에 눈물 한 방울 흘려줄 수 있는 친구가 한 명이라도 곁에 있다면, 당신은 이미 성공적인 노년을 살고 있는 것이다.'라는 말처럼, 친구의 가치는 그 무엇과도 바꿀 수 없다.

괴테는 "노년에 행복을 원한다면 재테크보다 '우테크(우정을 쌓는 기술)'를 잘하라."라고 조언했다. 나이에 얽매이지 말고 먼저 친구에게 다가가 따뜻한 우정을 나눌 필요가 있다. 행복한 노년을 위해선 돈과 건강뿐 아니라 진정한 친구와의 관계가 더없이 중요하다.

당신의 삶은 어떤 순간들로 채워져 있는가

초판 1쇄 · 2025. 03. 05.

지은이 · 박상태

펴낸곳 · 도서출판 솔숲
펴낸이 · 강영희
편집/표지 · 김근수

출판등록 제2019-000102호
주 소 · 경기도 고양시 일산서구 현중로13, 1302동 2301호
전 화 · 031-912-3804
FAX · 0504-084-5256
E-mail · pineforestbooks@naver.com
블로그 · https://blog.naver.com/pineforestbooks

ⓒ 박상태, 2025
이 책은 솔숲출판사의 허락없이 무단으로 도용이나 사용될 수 없습니다.
이 책의 본문은 '을유1945' 서체를 사용했습니다.

ISBN · 979-11-980454-4-7